助力乡村振兴
出版计划

【现代乡村社会治理系列】

党组织领办合作社
壮大集体经济
操作实务

主　　编　尹义府　李合满

编写人员(按姓氏笔画排序)

丁　玲　　马　玮　　王　旸　　王媛媛

邓辉林　　伍旭中　　任以胜　　刘　峰

孙安平　　汪永先　　张　卿　　张　涛

陈　龙　　陈兆强　　赵彗星　　俞　昊

蔡金平

时代出版传媒股份有限公司
安徽科学技术出版社

图书在版编目(CIP)数据

党组织领办合作社壮大集体经济操作实务 / 尹义府,李合满主编. --合肥:安徽科学技术出版社,2022.12 (2023.9重印)

助力乡村振兴出版计划. 现代乡村社会治理系列

ISBN 978-7-5337-6334-3

Ⅰ.①党… Ⅱ.①尹… ②李… Ⅲ.①农村经济-集体经济-研究-中国 Ⅳ.①F321.32

中国版本图书馆CIP数据核字(2022)第191886号

党组织领办合作社壮大集体经济操作实务　　　　主编 尹义府 李合满

出 版 人:王筱文　　　　选题策划:丁凌云　蒋贤骏　余登兵

责任编辑:王筱文　李志成　　　责任校对:岑红宇

责任印制:梁东兵　　　　装帧设计:武　迪

出版发行:安徽科学技术出版社　　　http://www.ahstp.net

(合肥市政务文化新区翡翠路1118号出版传媒广场,邮编:230071)

电话:(0551)63533330

印　　制:合肥华云印务有限责任公司　　电话:(0551)63418899

(如发现印装质量问题,影响阅读,请与印刷厂商联系调换)

开本:720×1010　1/16　　印张:7.5　　　　字数:94千

版次:2022年12月第1版　　印次:2023年9月第2次印刷

ISBN 978-7-5337-6334-3　　　　　　　　　定价:30.00元

出版说明

　　"助力乡村振兴出版计划"（以下简称"本计划"）以习近平新时代中国特色社会主义思想为指导，是在全国脱贫攻坚目标任务完成并向全面推进乡村振兴转进的重要历史时刻，由中共安徽省委宣传部主持实施的一项重点出版项目。

　　本计划以服务乡村振兴事业为出版定位，围绕乡村产业振兴、人才振兴、文化振兴、生态振兴和组织振兴展开，由《现代种植业实用技术》《现代养殖业实用技术》《新型农民职业技能提升》《现代农业科技与管理》《现代乡村社会治理》五个子系列组成，主要内容涵盖特色养殖业和疾病防控技术、特色种植业及病虫害绿色防控技术、集体经济发展、休闲农业和乡村旅游融合发展、新型农业经营主体培育、农村环境生态化治理、农村基层党建等。选题组织力求满足乡村振兴实务需求，编写内容努力做到通俗易懂。

　　本计划的呈现形式是以图书为主的融媒体出版物。图书的主要读者对象是新型农民、县乡村基层干部、"三农"工作者。为扩大传播面、提高传播效率，与图书出版同步，配套制作了部分精品音视频，在每册图书封底放置二维码，供扫码使用，以适应广大农民朋友的移动阅读需求。

　　本计划的编写和出版，代表了当前农业科研成果转化和普及的新进展，凝聚了乡村社会治理研究者和实务者的集体智慧，在此谨向有关单位和个人致以衷心的感谢！

　　虽然我们始终秉持高水平策划、高质量编写的精品出版理念，但因水平所限仍会有诸多不足和错漏之处，敬请广大读者提出宝贵意见和建议，以便修订再版时改正。

新形势下,发展壮大新型农村集体经济有利于巩固完善家庭联产承包经营为基础、统分结合的双层经营体制,有利于全面夯实党在农村的执政基础、乡村全面振兴的物质基础和乡村治理体系的组织基础,对于推动脱贫攻坚成果同乡村振兴有效衔接具有十分重要的现实作用和长远意义。作为新型农村集体经济形式,党组织领办合作社在坚持党的领导、尊重农民土地承包权、巩固农村土地集体所有制的基础上,以股份合作的形式把分散的农户组织起来,把闲散的农业资源集中起来,通过抱团发展适度规模经营、提供集约化服务等,实现村集体增收和群众致富双赢,有利于将党的政治优势、组织优势同社会主义市场经济优势相结合,走出一条发展壮大集体经济实现乡村振兴和共同富裕的新路径。

本书采用问与答的基本形式,重点介绍了党组织领办合作社的相关知识和工作方法,在全面系统解读相关知识的同时,力求做到深入浅出、通俗易懂。本书第一章介绍了党组织领办合作社的基本概念、组织原则和运作机制。第二、三章从操作流程、工作举措和发展路径等方面,解答了党组织领办合作社过程中存在的部分普遍性问题。第四、五章在综合分析国内相关地区的大量实践案例的基础上,展现了党组织领办合作社在组织农民群众、发展壮大新型农村集体经济、实现共同富裕、推动乡村振兴中的重要价值。

本书采用的部分案例和相关数据等引自政府网站,如有文献来源标注疏漏等,烦请相关作者联系我们。最后,谨向本书编辑及相关校对人员表示衷心感谢!

目　录

第一章 ▶ 基 础 篇

一 什么是村党组织领办合作社？

　　村党组织领办合作社包括村集体股份经济合作社和农民专业合作社，在法律法规和政策规定范围内，按照合作社章程的规定开展经营活动，接受镇（街道）党委（党工委）、政府（办事处）和各级农业农村部门、乡村振兴部门、市场监督管理部门的指导和监督。其中，党组织领办的村集体股份经济合作社，在保持自主经营性，实施农民专业合作社依法不能组织实施的非农项目等的同时，可入股农民专业合作社参与经营。

　　2016年，中共中央、国务院《关于稳步推进农村集体产权制度改革的意见》指出，"农村集体经济组织是集体资产管理的主体，是特殊的经济组织，可以称为经济合作社，也可以称为股份经济合作社"。目前，全国大多数村均已成立村集体股份经济合作社，在此基础上，贵州省毕节市、山东省烟台市和安徽省芜湖市探索由村级集体经济组织或村党组织负责人代表村集体注册成立农民专业合作社，村集体和群众以集体土地、资金、劳动力等入股，明确村集体和入社群众股权，建立经济利益共同体，提供集约化服务、发展规模经营等，建立起党组织领办的农民专业合作社或入股其他农民专业合作社等党组织起领导作用的各类合作社，以此实现村集体增收和群众致富双赢。

二 村党组织领办合作社的类型有哪些？

合作社的类型主要包括：村党组织领办产销类、服务类、资源类、金融类、三产融合类合作社；组建、入股企业型合作社、联合社；与供销社合作；其他类型。

产销类合作社主要指立足本村产业特色，通过标准化的生产模式，促进产业规模化、标准化、机械化和品牌化。服务类合作社主要指利用区位、信息、技术、劳动力、自然资源等优势，组织开展机耕机种、仓储物流、技术指导、物业保洁等社会化服务。资源类合作社，如土地股份合作社由村党组织动员群众以土地和资金入股，村集体以水塘、土地入股，将流转后的土地连片平整，打破沟坎界线，将新增土地作为集体股份入股合作社，统一规模经营，提高农业生产集约化、专业化水平。三产融合类合作社主要指依托良好的生态旅游环境、田园风光和传统民俗文化资源，打造集旅游观光、休闲度假和农事体验于一体的"农旅融合"特色产业。

三 村党组织领办合作社的组织架构是什么？

村党组织领办合作社一般按照以下模式设置组织机构：合作社理事会由5～7名理事组成，其中设理事长1名（主要由村党组织书记担任）、副理事长1名；监事会由3名监事组成，其中设监事长1名。村"两委"成员与合作社的理事会、监事会成员双向进入、交叉任职。合作社理事会、监事会中农民身份人员应占一定比例。合作社理事会根据需要，决定聘任、解聘本社经理、财务会计和其他专业技术人员。

四 村党组织领办合作社的经营模式有哪些？

经营模式主要包括：独立自主经营；采取控股、参股等方式与其他企业、合作社、大户等开展合作经营；开发利用集体经营性建设用地等对外

承包经营;统购包销;发展订单农业;生产托管服务;借助电商平台;建立联合社;产品精深加工;注册品牌商标;与农产品批发市场、公司、机关食堂、学校等建立产销合作;推进生产、供销、信用"三位一体"综合合作模式。

安徽省芜湖市烟墩镇万兴村聚焦本村白茶产业实际,坚持发展"功能茶"产业,积极领办白茶种植合作社。合作社聚焦村内白茶种植零星零散、无统一品牌的现状,积极申报有机产品认证、SC认证,建立产品溯源体系,统一收购和销售标准,成功注册"春谷仙白"品牌,拓宽产品销路;三山经开区保定街道沿湖村以种植大棚无公害蔬菜为支柱产业,面对淡季蔬菜价格低、蔬菜收购商压价等问题,村党组织领办合作社与芜湖润生超市达成战略协议建立蔬菜配送中心,可实现年配送蔬菜达300吨,销售额超70万元,在带动村集体增收、村民致富的同时,也给附近村民提供了就业岗位。

贵州省毕节市陶营村党支部领办村集体合作社,在原有玛瑙红樱桃的产业基础上,一方面聘请返乡创业人员、优秀大学生等进入村"两委"班子,配强人才队伍,负责技术培训、电商发展和事务管理等工作,谋划产业布局;另一方面在配套完善农村公路、物流等基础设施的情况下,建设冷链仓库,开发培育品牌,进行市场推广,等等,推动全村樱桃产业更上一层楼。

山东省烟台市北洛汤村党支部领办合作社,发动群众把果园折股量化,引进农业公司,通过村企联建的模式,有效解决了前期投入资金不足、管理技术落后等问题。特别是通过建设铭恩集体食堂,让合作社分红惠及全民,充分体现了党支部领办合作社"姓公不姓私"的优越性。

（五）村党组织领办合作社应遵循的原则是什么?

村党组织领办合作社应遵循的原则如下:

(1)坚持党的领导。坚持党组织在合作社中的领导作用,赋予党组织决策权,把好合作社"姓公不姓私"的属性。

(2)注重组织群众。村党组织领办合作社不是少数人的"精英社",不是资本的"金钱社",必须将广大农民群众组织起来,将监测户、低收入农户吸纳进来。

(3)遵循市场规律。村党组织领办合作社坚持组织化和市场化,带领群众参与市场竞争,既是按劳分配的,也是股权清晰的,符合习近平总书记"走组织化的农村市场化发展路子"的要求,不是平均主义的"大锅饭",是对人民公社的螺旋式上升,而不是简单的回归,更不是走回头路。

(4)实现"两个"增收。村党组织领办合作社要实现村集体增收和农民增收,特别是监测户、低收入农户的增收。要不断"做大蛋糕",同时"分好蛋糕",走共同富裕之路。

六 村党组织领办合作社应如何把握"入社自愿、退社自由"?

"入社自愿",是指要充分尊重农民意愿,不设定100%入社的指标。实践中,村党组织要发挥群众工作优势,强化宣传引导,提高群众入社的积极性。

"退社自由",是指社员可以在不损害集体和其他社员利益的前提下,按照自己的意愿退出合作社,并依法办理相关的财产交割。

七 "村党组织领办合作社"与"党组织+合作社"有何区别?

村党组织领办合作社主要是由村党组织书记或副书记代表村集体注册成立农民专业合作社,村集体和农民群众以集体土地、资金、劳动力等入股。先有村党组织,后有合作社,党组织和合作社高度融合。合作社的经营、分红权牢牢掌握在党组织的手中,充分体现党组织的主导作用。

"党组织+合作社"主要是指在已成立的合作社中,符合条件的要建立党组织,先有合作社,再建党组织,目的是加快推进党的组织和工作的覆盖。党组织不直接承担经营管理职责。

八 村党组织领办合作社与新型农村集体经济有何关联?

习近平总书记指出:"要把好乡村振兴战略的政治方向,坚持农村土地集体所有制性质,发展新型集体经济,走共同富裕道路。""农村合作社就是新时期推动现代农业发展、适应市场经济和规模经济的一种组织形式。"

国务院发展研究中心研究员江宇在总结烟台经验的基础上提出,新型农村集体经济是在党的领导下建立的,由一定范围的劳动者共同占有生产资料并联合开展生产经营和分配、在农村经济中起主体和主导作用的公有制经济,是我国以公有制为主体的基本经济制度在农村的主要实现形式。新型农村集体经济不同于改革开放前的集体经济以及当前农民自发组织的专业合作经济,也不同于股份制或合作制经济。

村党组织领办合作社在形式上属于合作制经济,但在实质上是把党的领导贯穿农村经济发展的全过程,构成了一个比较完整的农村集体经济及其治理体系的雏形,是走向未来高水平、全覆盖的集体经济的有效途径,是新时代如何在农村巩固公有制主体地位、发展壮大新型农村集体经济的积极探索。

九 党组织领办的村集体股份经济合作社与农民专业合作社有何区别和联系?

(1)中共中央、国务院《关于稳步推进农村集体产权制度改革的意见》规定,农村集体经济组织是集体资产管理的主体,可以称为村集体股份经济合作社,其对集体经济组织成员是全覆盖的。《中华人民共和国农

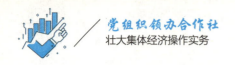

民专业合作社法》规定,农民专业合作社是指在农村家庭承包经营基础上,农产品的生产经营者或者农业生产经营服务的提供者、利用者,自愿联合、民主管理的互助性经济组织。

(2)村党组织领办的村集体股份经济合作社的成员身份根据户籍关系、土地承包关系等因素确定,具有排他性。村党组织领办的农民专业合作社是在村党组织主导下,农民在自愿的基础上联合成立的互助性经济组织,社员是开放的,不局限于本村群众,不受行政区域限制。村集体股份经济合作社的资产所有权主体是村集体经济组织,党组织领办的农民专业合作社的资产所有权主体是入社成员。另外,一个村党组织可以领办多个农民专业合作社。

(3)村党组织领办的集体股份经济合作社与村党组织领办的农民专业合作社具有一定的联系,特别是发展壮大村级集体经济的目标是一致的。在实际操作过程中,村集体股份经济合作社可以代表村集体出资,入股到村党组织领办的农民专业合作社中。村党组织领办的农民专业合作社市场化程度更高,经营更加专业,管理更加高效。安徽省芜湖市试点的村党组织领办合作社要求村集体绝对控股,拥有决策权。

贵州省安顺市塘约村突破农村固有的发展模式,创新体制机制,激活沉睡资源,开启党组织领办合作社的发展序幕。2014年,塘约村成立村集体所有的金土地合作社,形成"1+6"的一体化服务体系,建立经营实体,提高产业化规模。经过不断发展,塘约村实现了从省级贫困村到村集体经济年收入超300万元的华丽蜕变,"塘约道路"为实施乡村振兴战略提供了可资借鉴的经验。

第二章 操 作 篇

一　村党组织领办合作社的组建流程是什么?

组建流程如下:

(1)制定章程。明确合作社的组织构架、入股方式、盈余分配等事项,征求镇(街道)意见后,在合作社章程中进行明确。

(2)召开设立大会。主要讨论通过合作社章程、选举成员代表、管理人员和其他需要研究的事项。会议结束后应形成会议纪要,全体设立人须在会议纪要上签名、盖章。

(3)提交登记。提交合作社登记(备案)申请书,全体设立人签名、盖章的设立大会会议纪要,全体设立人签名、盖章的章程等资料,向当地市场监督管理部门办理注册登记,领取营业执照。法定代表人持营业执照及法定代表人身份证,按市场监督管理部门告知事项到有关部门办理首次申领发票、办理银行开户手续、领取合作社公章等。涉及变更登记、注销登记等,按相关规定执行。

二　申请设立村党组织领办合作社需要哪些材料?

所需材料如下:

(1)登记(备案)申请书。

(2)全体设立人签名、盖章的设立大会会议纪要。

(3)全体设立人签名、盖章的章程。

(4)法定代表人、理事的任职文件及身份证明。

(5)全体出资成员签名、盖章的出资清单。

(6)法定代表人签署的成员名册和成员身份证明复印件。

(7)合作社住所使用证明。

(8)法律、行政法规规定的其他文件。

安徽省部分地区归纳梳理出合作社成立的十个步骤和十项清单,可供参考,具体如下。

村党组织领办合作社组建的十个步骤:

(1)变更村股份经济合作社法人。因村"两委"换届,部分村股份经济合作社法人为原村党组织书记,需要到农业农村局办理法人变更手续。

(2)召开村"两委"会。主要任务:制定章程(草案)。明确合作社的组织构架、确定成员出资金额、村集体经济组织入股金额、股权设置、入股方式、盈余分配等事项。动员村干部率先入股,章程须经镇党委审核。

(3)召开村股份经济合作社成员代表大会。主要任务:确定村集体入股金额。由股份经济合作社成员代表讨论并通过村集体经济组织入股村党组织领办合作社金额。

(4)召开党员大会、村民代表大会。主要任务:宣传发动。介绍合作社章程,确定股权设置、入股方式、入股金额和缴纳时间等,动员党员、村民组长带头入股。采用公告、微信群、广播、宣传横幅、流动宣传车等形式深入村组、田间地头进行广泛宣传。

(5)股金缴纳。主要任务:确定出资。由村会计代收股金,建议以户(个人)为单位收取,开具村股份经济合作社盖章的收据。同时提供身份证正反面照片(要求拍照清晰),以及身份证复印件一份留存。建议从宣传到缴纳股金应每户都宣传到位,留足宣传的时间。集中缴纳时间不宜过长,最好为一天。

（6）召开设立大会预备会、村"两委"会。主要任务：提名名单。讨论成立大会流程、确定理事会和监事会候选人员名单。建议考虑村干部、大股东、村组长、老党员、性别等不同类型的人员。

（7）召开设立大会。主要任务：通过本社章程。选举成员代表和管理人员及审议其他需要研究的事项。会议结束后应形成会议纪要，全体设立人须在会议纪要上签名、盖章。建议在参会报到前请全体设立人在准备好的农民专业合作社设立大会纪要签字页、农民专业合作社章程签字页、企业名称自主申报信用承诺书签字页上签名并按手印，企业需盖公章。

（8）工商注册登记。主要任务：注册登记。在安徽政务服务网提交专业社登记（备案）申请书，全体设立人签名、盖章的设立大会会议纪要，全体设立人签名、盖章的章程，法定代表人、理事的任职文件和身份证明，全体出资成员签名、盖章的出资清单，法定代表人签署的成员名册和成员身份证明复印件等资料。全部材料提交后选择办理服务，在系统里查看通过后，下载打印出申请材料（全部，带股东身份证照片的），向当地市场监督管理部门办理注册登记，领取营业执照、合作社公章。法定代表人持营业执照及法定代表人身份证，按市场监督管理部门告知事项到税务部门办理首次申领发票手续、办理银行开户手续、制作铜牌等。银行开户建议按区农经总站指定银行开户，后面涉及财务软件、代账会计费用减免等问题。

（9）发放股民证。主要任务：登记发证。领取合作社公章后，制作统一的股民证，写清楚认筹的股金，留出分红的记录等信息。盖章后发给每个股民。

（10）召开第一次理事会、监事会会议。主要任务：启动业务。就合作社运营方向、业务流程、财务制度等展开讨论。

村党组织领办合作社注册的十项清单：

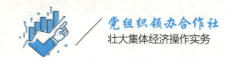

（1）合作社名称。注册登录程序：安徽政务服务网（https://www.ahzw-fw.gov.cn/）→区域切换××市（无须定位到区）→支付宝扫码登录→利企服务→企业开办。

（2）合作社经营范围。在经营范围规范表述查询系统（https://bj.jyfw-yun.com/）查询确认表述。

（3）注册地址。提供详细地址，具体到村组号。

（4）注册资本。以万元为单位，无须验资。

（5）成员名单。企业名称为营业执照上的全称，总数不超过出资人数的5%。

（6）出资份额。报名出资时，提供身份证正反面照片（要求拍照清晰），以及身份证复印件一份留存；村股份经济合作社开收据，并在出资清单上签名、按手印（企业需盖公章）确认金额。企业入股需要提供营业执照照片，后期工商注册需要上传系统。理事会和监事会成员的身份证照片单独建文件夹，因为注册时需要单独输入他们的身份证有效期。出资清单打印出来后，请全体设立人逐一签名确认金额，随后附上一张出资成员确认空白纸，让每个成员按手印确定。

（7）合作社章程。在成立大会上，章程须经全体设立人认可，并签名按手印确定。章程最终版需村股份经济合作社加盖公章。

（8）合作社任职会议纪要。会议纪要须经全体设立人签名按手印，村股份经济合作社加盖公章。

（9）免除实名认证申请（成员较少可跳过）。经与市场监督管理局协商后，向镇办公室提交关于免除电子实名认证的村级申请和镇级申请报告。

（10）全部注册提交后选择半程服务。在系统里查看通过后，下载打印出全部申请材料（带股东身份证照片），带上上述材料和申请材料到行政服务中心市场监督管理局审核注册。

三）村党组织领办合作社中村集体的入股方式有哪些？

村集体可以通过集体土地、集体资产、集体资金、上级扶持资金等单一或组合方式，入股到合作社参与经营，为确保村集体经济持续壮大，建议村集体持股占比不低于50%。村集体可以通过现有土地升级改造、增加投资、股份转让等方式，逐步提高村集体持股占比；也可以通过开垦荒地、土地整治、清淤填地等方式增加土地面积作为集体资产入股，提高村集体的持股占比。

安徽省芜湖市套北村通过盘点存量资源，全面清查、登记村组、农民的机动田、闲置校舍、厂房等资产及荒滩、荒地、荒水等"闲"资源，盘活闲置水面300亩（1亩≈666.67平方米），放养鱼苗3 384斤，可增收约30万元；改造闲置土地300亩，开展优质水稻（粳稻）种植，可增收27万余元。

山东省烟台市槐树庄村没有资金租机械，依靠党员群众肩挑手填，从荒山中整修出一条宽3米、长1 500米的上山道路，将100多亩荒地改良，清理改善50余亩废弃采石坑，为合作社项目上马创造了前提条件。

四）村党组织领办合作社中群众的入股方式有哪些？

根据《中华人民共和国农民专业合作社法》规定，农民专业合作社成员可以用货币出资，也可以用实物、知识产权、土地经营权、林权等可以用货币估价并可以依法转让的非货币财产，以及章程规定的其他方式作价出资。村党组织领办合作社参照上述方式组织群众入股，为确保发展成果共享，推动实现共同富裕，安徽省芜湖市要求党组织领办合作社中村民持股占比一般不得低于30%。

安徽省芜湖市沈弄村通过"三控制、两保障"，优化股权分配方式。一是控制成员入股上限。成员股每股1万元，成员最多认购3股。二是控制认购时间。合作社在创建初期，不是越大越好，而是要量力而行。

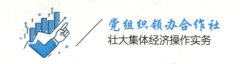

合作社将公告时限控制在一个月以内,逾期认购不予吸纳。三是控制原始股与增扩股股本差别待遇。设立原始股每股股本价值为1,第一次增扩股每股股本为0.9、第二次增扩股每股股本为0.8。四是保障农民入股占多数。合作社入股资金612万元,其中,村集体占股65.3%、村民占股31.4%、管理人员占股3.3%。五是保障低收入人员权益。合作社章程中规定村集体股份收益中提取5%,惠及80周岁以上老人、孤儿、动态监测户等低收入人群,确保共同富裕不落一人。

山东省烟台市小茟子村为解决外来资金占股过高的问题,合作社采取了"以三升促一降"的方式:不断动员村民入社,提升村民的占股比例;村集体每年拿出部分盈余入股,提升村集体的占股比例;积极对上争取项目补助资金,并合理量化到集体和村民股份中,一并提升村集体和村民占股比例,逐步降低外来资本股金比例。为鼓励村民入社,小茟子村采取"土地加成法",按照1元为1股,每亩土地每年100元、折合100股,合作社产生收益前,每亩土地以每年100股的股份递增,充分调动村民积极性,实现早入社、早受益。

（五）如何动员群众加入村党组织领办合作社?

发挥农村基层党组织政治优势、组织优势和群众工作优势,通过召开会议、组织培训、观摩学习、走访动员等形式,大力宣传合作社的重要意义,提高群众参与积极性。帮助群众算好入社前后的明细账、长远账,打消群众入社顾虑,坚定发展信心。同时也要充分尊重群众意愿,杜绝行政强制命令,不搞"一刀切",力戒形式主义。

安徽省芜湖市花桥村产业发展以传统水稻种植为主,曾经因为缺少粮食储存烘干设施,一度出现了"晒粮难、卖粮难"问题,导致"粮食丰产不丰收"。群众有期盼,党组织就有行动,2017年,花桥村通过组建粮食烘干专业合作社,引进烘干设备,进行厂房扩建、产能提升,实现年烘干能力2.2万吨,彻底解决了花桥村及周边粮食种植大户"晒粮难、卖粮难"的问题。由于自己有了烘干厂,花桥本村村民粮食收购价比周边地区收购价高0.02~0.03元/斤,每年为全村种粮户收入净增加30余万元,相比于之前运到外地销售运输成本节省30余万元,仅此两项为全村种粮户多增加60余万元盈利。实践证明,谁心里装着群众,群众就和谁一条心。花桥村开展党组织领办合作社改制时,广大村民参与热情高涨,一是村民对党组织充分信任,二是过去已经有一部分村民在粮食烘干专业社中得到了真金白银的实惠,村民相信这次党组织领办合作社前景会更好,收益会更多,为了保证更多的村民参与,村里不得不限定每户最多认购20股。有了群众支持,花桥村大刀阔斧对原粮食烘干合作社进行改制,根据章程和入股份额进行量化分配,群众参与由原先的55人认购20.4万元,增加到现在165人认购75.3万元。村集体以此为契机,将多年集体经济收益共享于民,派发2 852股价值142.6万元给全体村民。改制后的芜湖市施茶湖农业专业合作社,村集体入股占比62.1%,村民入股占比34.8%,管理成员及其他成员入股占比3.1%,村民参与率达到100%,为实现共同富裕奠定了扎实基础。

山东省烟台市小草沟村虽然大力发展乡村旅游,但以观光休闲为主,没有开发规模化的旅游项目,土地还是分散在村民们手里,在家的就守着自己的一亩三分地,外出打工的就直接撂荒。在筹备成立合作社时,为了把地拢起来,村里号召村民尽可能把自己的地拿出来入股,但村民普遍因为对风险的担忧和对新事物的不理解,响应者寥寥。面对这个局面,合作社转而决定以撂荒地入股,一举打消了村民们的担忧,还使原本撂荒的土地转眼间成了"香饽饽"。许多村民都把不种的土地拿出来入股合作社,入股积极性高涨,到了后来,很多村民也愿意把自家好地都拿出来入股了,通过整合土地,小田变大田,实现了土地高效利用,为下一步发展奠定了基础。

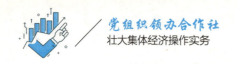

六 如何将村内动态监测户、低收入农户吸收入社？

对于土地在合作社经营范围内的,村党组织要主动找动态监测户、低收入农户做工作,动员他们以土地参股入社;对于土地不在合作社经营范围内的,可帮助动态监测户、低收入农户与其他村民进行土地置换,尽可能把他们吸收到合作社中。也可直接设立兜底股,赠予动态监测户、低收入农户,让他们直接享受到合作社带来的好处。同时,为具备劳动能力的农户在合作社提供就业岗位。

安徽省芜湖市新义村通过企业帮扶、新大埠村通过乡贤出资,帮助村内所有监测户、低收入农户入股合作社,取得了较好的社会效应;沈弄村在合作社章程中规定村集体股份收益中提取5%惠及孤儿、80周岁以上老人等低收入人群。

山东省烟台市北洛汤村采取土地置换的方式,将贫困户自有耕地与合作社园区内村集体耕地按1:1比例置换,带动入股,共享成果。埠西头村为每户贫困户赠送1股,每年从公益金中提取部分资金定向扶贫。同时,设立扶贫工作岗,按男工120元/天、女工100元/天的标准发放工资,贫困户每年务工收入人均1万元以上。

七 村党组织领办合作社可以由村干部入股先成立,后吸纳普通村民入股吗？

不可以。发起成立村党组织领办合作社之前应做好充分的准备,积极动员群众参与,成熟一个、成立一个。村干部先行入股成立再吸纳村民入股会涉及增资扩股等程序,实践中,往往会出现村干部怕麻烦迟迟不动员村民入股的情况,与村党组织领办合作社"注重组织群众"的原则相违背。

（八）村党组织领办合作社如何因地制宜确定经营项目？

村党组织领办合作社在起步阶段应力求稳妥、规避风险，从服务农民生产生活着手，以帮助群众"买得便宜卖得贵"为出发点，逐步增强自身实力。在发展到一定阶段后，要注重利用当地资源禀赋，发展壮大优势特色产业，不断把产业做大做强，以产业振兴带动就业，推动地区发展。

（1）农资统一购买。四川攀枝花市板桥村，由村集体出资成立板桥村供销合作社有限公司，根据当地农业生产需要，一方面邀请农业技术人员、土专家等建立交流群，为种植户及时提供专业技术服务；另一方面直接与农资生产厂家对接，抱团统一采购农资，减少中间商赚差价，帮助农户少跑路、少花钱、多增收，每亩地可节约农药成本70～80元、节约肥料成本80～100元。

（2）农产品统一销售。安徽省芜湖市关河村党组织领办合作社对当地农户零散销售的粉丝等农产品建立统购包销机制，上门统一收购、设计统一包装、申请统一品牌、组织统一销售，农户负责生产源头，剩下的统统交给合作社，既增加了村民收益，又壮大了集体经济。

（3）提供农事服务。安徽省宿州市萧县探索三种经营模式，提供农事服务。一是全链条式托管，即合作社通过购买服务等方式，委托社会化服务组织开展"耕、种、管、收、购、销"全程托管服务。二是半链条式托管，即合作社在农民干不了、干不好的薄弱环节上，委托社会化服务组织开展点单式托管服务。三是开展自主经营，即鼓励社会化服务体系较为健全、具备自主经营条件的镇村，整合域内农机、人员，组建农机服务专业合作社、农业服务公司等服务主体，自主开展规模化农业生产经营。

（4）发展休闲农业。山东省烟台市三里沟村找准城郊区位优势，在村里建设馒头房，注册"古槐"品牌，生产喜寿饽饽、杂粮馒头、包子等各

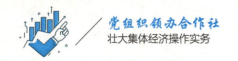

类花样面食,获得"SC食品安全体系认证",在村集体收入稳定后,合作社出资注册成立古槐旅游服务有限公司,开发特色餐饮、生态采摘、高端民宿等农业旅游项目,围绕村中古槐、古桥、古井做好"三古"资源的保护与开发,建设人民公社大食堂,打造"八大碗"特色餐饮项目,既打好了本土民俗牌,又盘活了村庄闲置资源。

(5)整合土地,提升地力,发展规模化生产。山东省烟台市大户陈家村党组织领办的合作社,流转了周边13个村庄的1.2万多亩土地,合作社引进以色列农业"物联网"技术,实行水肥一体化滴灌,通过农业设施改造后,把"现代化"土地以每亩1 500~2 000元的价格发包给100名"农场主",在村党组织统领全局的基础上实现规模化生产。

(6)提供劳务服务,承接小型项目。广西柳州市融安县由村级党组织和村民合作社牵头,将有就近务工意愿的农户和工程"土专家"聚集起来,组成"村集体施工队",承接工程总造价50万元以下、技术含量不高的"一事一议"、以工代赈和革命老区建设等小型工程项目。"施工队"队长由合作社社长担任,专职副队长由经验丰富的工程建筑技术能人担任,队员主要以当地低收入农户为主,让他们既能务工,又能在技术能人的帮带下提升建设水平,实现家门口务工增收。同时,将承接工程项目所获村集体经济收入反哺于项目所在村居公益事业,循环推动农村公益事业发展,改善群众生产生活条件。

九 村党组织领办合作社能否与企业资本合作?如何保障村集体收入?

村党组织领办合作社组建、入股企业型合作社、联合社是基本形式的一种,在实践中,可以在上级党委的指导下与相关企业合作。同时,建议优先与国有企业开展合作(也可与其他优质企业开展合作,但要组织评估论证),占有一定的股份,保障分红收益。

在与企业合作过程中,村党组织领办合作社可以通过与企业签订定向销售协议、价格保护协议、销售返利协议,或将土地交由企业进行标准化种植、规范化管理,并对产品统一包装销售,提高产品附加值。通过设立"兜底分红+盈利增幅比例分红"的双重分红模式,保障村集体获得稳定收入。

芜湖市繁昌区峨山镇沈弄村与繁昌区小燕子超市、金佰园蔬菜有限责任公司合作,注册成立芜湖市聚禾生态农业有限责任公司,村集体投资150万元,占股15%,实行"保底收益+分红",村集体年保底收益12万元。

十 如何组建、入股企业型合作社?

一是采取"村党组织领办合作社+龙头企业+农户"的运营模式,借力龙头企业的资金、技术和市场优势,为党组织领办合作社的启动提供支持。通过让社会资本和技术下乡,建立起村集体与群众、与企业的利益共同体。

二是联姻企业提升党组织领办合作社运营能力。没有独立能力发展产业的村党组织领办合作社,可以与企业合作,用村集体资金进行入股,完善抵押手续,在确保资金使用安全的前提下,通过股份合作的方式提升村集体经济和农民群众收益。

浙江湖州市山川乡由全乡6个村一起抱团成立浙江川合实业有限责任公司的强村公司,独立经营乡村旅游配套设施等业务。公司业务包括全乡的物业管理、乡里的"零星"工程,以及旅游集散中心的停车场运营等。目前,公司已经承接全乡农村垃圾清运及分类、物业管理、自来水等公共财政投入项目,预计2022年强村公司的全年营业额将在1 800万元以上。

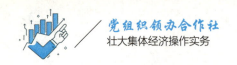

十一 党组织领办合作社如何与供销社开展合作？

一是采用"党组织领办合作社+供销社"模式，结合供销社在资金、固定资产、供销渠道等方面的资源优势，通过与供销社合作，促成农资采购、农事服务，省去中间环节，促成成本下调，实现利润增长。

二是采用供销社入股党组织领办合作社，尤其是党组织领办合作社联合社的方式，以"党组织联合社+村级供销合作社+农户"模式，通过发展现代种植业、现代农村旅游业等产业，壮大村集体经济，带动农民共同富裕。

安徽省宿州市萧县整合社会化服务资源，依托县供销合作社、县农业机械化管理服务中心职能优势，整合县域内村集体经济组织、社会性服务组织服务资源，在全县范围内建成区域性为农服务中心5个、全程机械化综合性农事服务中心3个，辐射带动全县770余家各类服务组织，有效服务粮食作物面积110余万亩。

安徽省芜湖市湾沚区供销社下属惠农公司与周桥村股份经济合作社，共同组建领办鸠兹桥头供销合作社。惠农公司占股40%，实缴到位作为启动资金，周桥村股份经济合作社占股60%，以村集体资源评估入股。合作社以土地托管、承揽小型工程、承办上级部门文旅项目、闲置资产租赁和水面发包、烟叶返税、农资服务等为抓手，通过村社共同发力，开展农业综合服务，发展多元化集体经济。

安徽省淮北市南园村供销社立足"党支部引领合作社"的发展思路，发动村"两委"成员带头入股，依托社属新家园合作社，在公示每户土地清册确保无异议后，与农户签订为期5年、每亩每年700元的土地流转合同，每年支付流转金，农户家有困难的可以提前预支。采取土地入股、资金入股等方式，按照每亩（700元）1股进行核算，为开展规模化、标准化种植奠定了基础。

十二 村党组织领办合作社如何解决人才不足的问题？

　　农村人才流失的根本原因是产业支撑不足，城乡差距大。村党组织领办合作社就是要搭建起农村干事创业的平台，实现"筑巢引凤"，因此，在合作社成立初期，建议不直接从事种植养殖业生产，先从为农民生产生活提供服务做起，党组织侧重发挥组织引领作用，让专业的人干专业的事，等到合作社发展到一定阶段后，自然会有更多的人才返乡加入。同时，要注重与高校建立合作关系，邀请专家学者和农业技术人员到村指导、开展专题培训，提高合作社管理人员能力，不断强化合作社内生动力。

　　山东省烟台市西远牛庄村面对沙土地的自然条件，村干部前后10余次赴省农科院蔬菜研究所考察对接，争取到"鲁厚甜1号"网纹瓜育种基地落户村内，设立海阳甜瓜产业博士工作站，以党支部领办的合作社为试验基地，省农科院定期向合作社派驻博士进行实地试验，既帮助合作社社员解决种植施肥等技术难题，又将研发的新品种率先试种推广。如今，除了网纹瓜，还有"烟薯25"红薯和日本青旗会社研发的有机草莓在合作社的土地上种植，农业生产插上了科技的翅膀。

　　安徽省芜湖市选派7个市级乡村振兴服务团，下沉农村一线，助力乡村振兴。芜湖市委组织部牵头成立1个全市乡村振兴服务总团，履行牵头抓总职责，指导下属各分团日常工作。聚焦各领域乡村振兴职能，首批选择7家市直部门，分别组建基层党建、"三农"专家、企业联心、电商经济等7个服务分团，各分团团长由牵头部门分管领导担任，团员实行专员聘任制。各服务团共择优聘任170名机关中层业务骨干、各行业专家人才、农村致富带头人等作为团员。各服务团与村"两委"签订为期三年的服务协议，重点围绕党建共建、产业指导、项目支持等编制服务清单，每年至少深入农村服务12次，至少争取1个涉农项目在村落地，至少推介

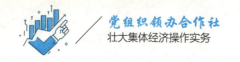

招引1家工商企业在村投资富民产业。

十三 村党组织领办合作社如何解决用地难？

（1）盘点土地资源，发挥荒山、荒沟、荒丘、荒滩等"四荒地"在乡村旅游、休闲农业甚至是农产品加工业等乡村产业发展中的作用。

（2）强化组织功能，实现土地集约化经营。土地碎片化导致的抛荒现象，造成土地的极大浪费。村党组织领办合作社要通过鼓励、激励等手段，增强农户实现土地入股、土地经营权流转、土地出租的意愿，促成土地的规模化集约化使用，使有限的土地资源得到合理的配置。

（3）灵活运用政策，打破行政区划限制。一方面，对于乡村产业发展所需的可共享的支撑平台，应该纳入城市建设的范围来解决土地使用难题，如农产品加工产业园、农产品冷链物流园、大型田园综合体、大型农旅休闲观光项目等。另一方面，对于一些需要建设在农村地区的农产品集散地建设、物流节点建设、农产品初加工基地建设等，可以将预留用于支持乡村产业发展的建设用地集中使用，打破行政区划制约，建设乡镇共享园区。

十四 村党组织领办合作社前期发展资金如何解决？

合作社可以通过村集体出资、村干部垫资、吸收成员资金、争取上级扶持资金、引入第三方投资、企业担保融资等单一或组合方式，解决合作社前期发展资金问题。

安徽省芜湖市通过从财政预算等支出的农村公益性项目中，筛选出包括农村人居环境整治、塘坝沟渠清淤扩挖、安置点物业管理等小型项目，交由项目所在村的党组织领办合作社承接实施，既节约了财政资金投入，又保证了项目施工质量，同时帮助合作社积累了发展资金，实现一举多得。

辽宁省松原市出台《金融支持村党支部领办合作社工作实施方案》，利用市本级统筹衔接资金和县级财政资金设立"资金池"，放大资金使用规模，集中支持发展较好、规模较大的村党支部领办合作社。制定《关于加快落实村党支部领办合作社政策扶持的通知》，指导县区制定落实项目扶持清单，针对每个村党支部领办合作社的实际，逐一对接。

山东省烟台市衣家村突破资源困境，采用"工票"折价入股合作社，干群一心通路、打井、修蓄水池，在没有资源、区位、人力等优势的情况下，激活内生动力，以实际行动践行自力更生的创业精神，通过党组织的凝聚力和公信力，破解了前期发展资金不足的难题。

（十五）村党组织领办合作社可以承接哪些农村公益性项目？

调研发现，很多投入到农村的公益性项目，如河堤清障、人居环境整治等，政府花了大力气招标来的承接单位，中标以后直接雇佣当地村民进行施工，大量利润被赚走，工程质量和后续维护却经常得不到保证。相反，一些村里自己组织实施的项目，因为本村的人做本村的事，自己对自己负责，反而花费更少、质量更高。

《政府采购非招标采购方式管理办法》（财政部令第74号）第三条规定"采购人、采购代理机构采购达到公开招标数额标准、经批准采用非公开招标方式的货物、服务，可以采用竞争性谈判、单一来源采购方式采购；采购货物的，还可以采用询价采购方式"。《安徽省政府集中采购目录及标准（2022年版）》规定"工程项目、政府采购货物或服务项目，单项采购预算达到400万元的，必须采用公开招标方式"。"60万～400万元的工程、30万～400万元目录内的采购或服务项目采用非公开方式招标；30万元以下目录内的货物、服务项目和60万元以下工程项目分散采购；400万元以下的目录外项目分散采购"。安徽省芜湖市在此基础上，结合党组织领办合作社试点工作，出台《关于支持村党组织领办合作社承接农村

公益性项目的实施方案》，探索将一部分体量较小、资质要求不高的农村公益性项目，交由所在村的合作社承接实施。主要包括：农村人居环境整治、村庄道路建设及日常管理养护、小型农田水利建设及维修养护、高标准农田建设及维修养护、塘坝沟渠清淤扩挖、安置点物业管理等。

安徽省芜湖市弋江区对照上级文件，建立区村党组织领办合作社承接农村公益性项目单位9家，围绕小型农田水利建设、农村人居环境整治等方面，严格按照村级申请、镇级审核、县级审批流程，遴选其中10个项目，纳入区级村党组织领办合作社农村公益性项目库，交由村党组织领办合作社承接，主要包括退渔禁捕后的圩堤矮围治理和堤顶道路管理养护、高标改造后的农田流转、特色经济作物种植等项目。

（十六）村党组织领办合作社承接农村公益性项目的实施采购流程是什么？

采购流程如下：

（1）村级申请。根据前期对接情况，在镇（街道）统筹指导下，合作社结合自身实际，编制项目申报书，经村"两委"会议讨论，上报镇（街道）党委（党工委）会议研究通过后在镇村两级公示。

（2）镇级审核。镇（街道）政府（办事处）负责本行政区域内公益性项目的审核把关，对各村项目申报书进行认真审查，初审通过后，上报县市区扶持壮大集体经济领导小组办公室审批。

（3）县级审批。县市区扶持壮大集体经济领导小组办公室对各镇（街道）的项目申报表计划进行批复，下达项目实施计划书，同时抄送各县市区行业主管部门。

（十七）村党组织领办合作社承接农村公益性项目可以分包吗？

不可以。支持党组织领办合作社承接农村公益性项目的根本目的

是帮助成立初期的合作社积累资本,锻炼组织能力,为后续产业发展奠定坚实基础,发挥助推作用。村党组织领办的合作社可主动承接力所能及的小型工程项目,并逐步培养自身从事经济工作的能力。如果合作社对承接的项目进行分包,就失去了把群众组织起来,激发内生动力的重要意义。

十八 党组织领办合作社承接农村公益性项目如何做好风险防控?

(1)建立红、黄、绿牌风险防控等级。"绿"牌表示项目推进正常可控,按照时序进度顺利进行。"黄"牌表示项目推进出现滞后,但在可控范围内,仍可以在一定努力下追回进度目标。涉及项目实施程序不规范的,项目实际支出大于批复的,实施走形变样的,实施特殊性项目"一事一议"政策的等,为黄牌等级。对累计两次以上黄牌的,现有项目停工整顿,合作社一年内不得申报新项目。"红"牌表示问题比较严重,与原定计划有较大差距,存在重大问题等。涉及合作社承接项目直接转包的,涉及建设占用永久基本农田的、使用耕地从事"非农化""非粮化"的,涉及村"两委"干部及其直系亲属直接参与工程建设的,未按规定流程实施的及法律、法规和国家规定其他禁止的情形等,为红牌等级,严禁实施。对出现红牌的,一定时期内取消承接公益性项目资格。

(2)建立采购物资库。由镇级建立线下物资采购库,含钢筋、水泥、路灯、混凝土、垃圾桶等物资,合作社采购时在项目库内选择产生供应商。安徽省芜湖市湾沚区建立党组织领办合作社承接农村公益性项目实施办法、非生产性开支监督管理办法及风险防控机制、采购实施机制、监督制约机制、内控机制等"两办法四机制",明确党组织领办合作社承接公益性项目的项目申报、审批、实施、监管等全过程要求和标准,指导以镇为单位建立项目造价清单编制单位库、线下物资采购库、工程机械

租赁库、工程项目监理库等,指导相关人员合法合规操作。

(3)建立审查监督制度。县级财政、交通、住建、农业农村、水务等主管部门负责行业指导,制定具体项目管理标准和实施要求,并定期组织项目监管,确保项目实施不走样,实施后的质量和社会满意度不降低。镇级具体负责项目日常监管、日常检查考核。

(4)建立专业监管队伍。由交通、水利、城建、财政、农业等部门专业技术人员成立专家指导组,对项目建设关键环节进行监管。

(5)建立公开公示制度。对项目立项、重大设计变更、资金投入、项目建设内容等关键环节的重要信息按规定进行公开公示,主动接受监督,项目实施过程在"小微权力"网络监督平台上实时公开。

(6)明确工作责任。受理单位、审核单位、审批单位经办人和有关负责人按规定在申请材料或信息系统中背书留痕,并分别对受理、审核、审批的过程和结果负责。

(7)责任追究。项目主管部门及项目建设单位将公益性项目资金管理使用廉政风险防控工作纳入党风廉政建设责任制检查和目标责任制考核内容,全面强化领导责任。

十九 党组织领办合作社承接农村公益性项目如何强化监督制约?

(1)做好事前监督。项目确定过程中,镇级纪委和相关派驻纪检监察组要全程跟踪审核、评审过程。在村级层面,项目申报是否经过"四议两公开"程序;在镇级层面,镇党委要对各试点村申报项目经党委会研究;在区级层面,在库在册专家对申报项目评审过程是否有效合规。申报过程中相关会议信息、项目信息等要及时在"小微权力"网络监督平台上公开公示。项目建库过程中,相关派驻纪检监察组要及时跟进,查看有关主管部门是否尽职尽责,做好项目的对接、细化和反馈,保证项目库

建立合理有效。

（2）做好事中监督。项目申请、审核、审批过程中，要严格按照项目申报流程，对每个关键环节、关键节点，在规定时间内进行公开公示。项目采购实施、变更、竣工验收、审计要严格按照规定程序，相关采购、变更、验收、审计等信息，每进行到一个环节，都要及时公开公示。要充分发挥村务监督委员会的监督作用，对项目实施管理进行日常监督；镇纪委要统筹协调镇域内监督力量，定期集中对项目申报、实施、变更等建设过程进行跟踪监督，尤其是重点环节的公开公示和项目资金使用情况；相关派驻纪检监察组要及时跟进，对相关主管部门验收过程、绩效评价、项目资金拨付进行全程监督，保证资金投入到项目、管理到项目、核算到项目。

（3）做好事后监督。将党组织领办合作社承接农村公益性项目实施情况纳入县级巡查内容，根据项目实施情况，每年对合作社所在镇村按照一定比例组织开展专项巡察，监督检查是否存在优亲厚友、虚报冒领、权钱交易、以权谋私、贪污侵占等侵害群众利益的突出问题。

（4）严格责任追究。对发现的违纪违法问题，依规依纪依法查处到位。对项目实施工作推进不力、敷衍了事、弄虚作假的，或对问题虚假整改或整改不到位的，严肃追责问责。

二十 党组织领办合作社承接农村公益性项目如何做好内控机制？

（1）规范支出审批制度。合作社各项支出由理事长负责审批，考虑到合作社生产经营实际情况，建议对非生产性支出在5 000元以内，由理事长直接审批；5 000元以上20 000元以下，经理事会集体研究通过后，由理事长审批；20 000元以上的由股东大会讨论通过后，由理事长履行审批手续；对经营性支出，严格按照批复方案和施工合同拨款。各项支出原

始凭证规范有效,经办、证明、审核、审批手续齐全。大额支出还需镇级把关后方可支付(具体大额支出认定标准,各地可根据实际情况讨论确定)。

(2)建立决策审议前置制度。合作社实施大项目(100万元以上)须村党组织审议后,报镇党委研究通过后方可提交合作社成员(代表)大会审议。

(3)建立重大投资可行性论证制度。对关系到合作社生存与发展的重大投资项目(100万元以上),在村党组织领导下按照"四议两公开"流程进行讨论决策,有需要的聘请专家进行科学的论证,报上级主管部门批准方可实施。

(4)完善监督审核制度。监事会主动参与合作社日常业务、财务监督,查阅账簿和其他会计资料。对合作社重大投资项目拥有建议权、否决权;监督理事会成员的履职行为,代表合作社保障广大社员利益。

(5)建立票据管理制度。各种票证统一由镇级负责管理,严格执行票据管理及领用制度,专人负责保管。做到日清月结,要求票、钱、账相实相符。

(6)完善档案管理制度。项目档案、会计档案执行安全和保密制度,查阅应经合作社理事长批准。会计凭证、账簿、报表和其他附件材料在会计年度终了后,由会计编制清册后交村档案室集中管理。

二十一 村党组织领办合作社收益应如何分配?

在合作社的总经营收入中,除去经营成本后的纯收益可定期分配。建议20%的纯收益作为合作社发展资金、风险资金,用于扩大再生产经营、弥补亏损;10%的纯收益作为合作社管理人员的奖励资金,由合作社制定奖励考核具体办法并报镇街审定;70%的纯收益按集体股、个人股等占股比例向成员进行分配。

二十二 如何为入社务工群众发放工资?

吸引入社群众到合作社务工后,可以按照从事工种、务工时长等方式核算工资。按照合作社务工人员区分不同工种发放工资;按照务工人员务工时长按天或按小时发放工资;也可以按照计件制方式按工作量进行核算。

二十三 国家财政直接补助和他人捐赠形成的财产收益分红是全村分红还是股东分红?

国家财政直接补助和他人捐赠形成的财产如果直接拨付到村集体,可由村集体决定是否全部或部分投入到村党组织领办合作社;如果直接拨付到合作社,应全部纳入合作社中的村集体占股。投入到合作社的资金应作为村集体占股,收益分红按村集体股份经济合作社的股份占比,由全体村民共享。

二十三 对贡献突出、发展集体经济较好的合作社理事、村干部如何奖励?

村党组织领办合作社可以从分配的纯收益中提取10%的资金作为合作社管理人员的奖励资金。由合作社制定奖励考核具体办法并报镇级审定。对达到当年度村集体经济经营性收入标准的村进行评比奖励。对工作成效显著的村党组织书记表扬奖励。

山东省烟台市为激励村党支部书记担当作为,设立了村党支部领办合作社发展增量奖,对村"两委"成员给予最高10万元奖励,让实干者得实惠。

安徽省芜湖市湾沚区在激励担当作为方面,将党组织领办合作社成效纳入基层党建考核、党组织书记抓党建述职和乡村振兴考核内容,并

作为优秀村书记评选的重要参考。逐村核定2021年村集体经营性收入，按照《湾沚区发展壮大村级集体经济考核激励办法》为村干部兑现奖金，激发村党组织和"两委"干部发展壮大集体经济的内生动力。

第三章 进 阶 篇

一 各级部门应如何支持村党组织领办合作社发展？

（1）加强财政支持。各级部门要注重整合涉农资金,优先支持合作社发展。明确村党组织领办合作社对各级财政补助、部门帮扶、社会捐赠等资金享有优先承接权。对于上级财政投入的项目资金可视为村集体投资,根据财政资金投入所占项目总投资比例折成股权,单独核算收益。县市区财政、农业、发改委等部门,抓好对村党组织领办合作社扶持项目、补助以及奖励申报、审查和验收等工作,统筹制定并落实相关扶持政策。另外,县市区财政也可每年安排专项资金用于奖补合作社发展。

（2）用好土地政策。2019年,自然资源部办公厅印发《关于加强村庄规划促进乡村振兴的通知》提出,允许在不改变县级国土空间规划主要控制指标的情况下,优化调整村庄各类用地布局;允许各地在乡村国土空间规划和村庄规划中预留不超过5%的建设用地机动指标,支持零星分散的乡村文旅设施及农村新产业用地。2020年中央一号文件提出,新编县乡级国土空间规划应安排不少于10%的建设用地指标,重点保障乡村产业发展用地。相关部门在新编县乡级国土空间规划时可安排不少于10%建设用地指标,优先保障合作社项目建设用地。新编乡镇国土空间规划和村庄规划中5%的留白建设用地,优先保障合作社的合理用地需求。

（3）创新金融扶持。鼓励金融机构加大对合作社的融资支持力度。

发挥银行等金融部门的职能作用,开发支持村集体经济发展的金融产品,研究制定支持村级党组织领办合作社的信贷政策,将农户信用贷款、农户联保贷款和农村承包土地经营权抵押贷款机制引入合作社,满足小额贷款需求。县市区政府可以成立乡村建设发展公司,为村集体经济组织贷款提供担保,前期可以免收担保费并贴息。对经营规模大、带动作用强、信用评级高的村级党组织领办合作社,实行贷款优先、利率优惠、额度放宽、手续简化、续贷还息不还本等,并按有关规定落实财政贴息政策。同时,鼓励金融机构优先在合作社开展特色农产品保险等政策性保险业务试点,支持保险公司创新开发面向合作社的农业保险品种。

(4)加强人才支撑。强化对合作社的管理人员开展培训。引导机关、企事业单位等高层次人才到合作社开展服务活动。支持各级农业科技人员、科技特派员和镇级事业单位专业技术人员带技术、带项目入股合作社或开展合作经营。

(5)强化服务保障。简化合作社的注册、开办登记等程序。支持合作社与基层供销社开展共建,共享网络、服务等资源,建立生产、供销、信用"三位一体"综合合作模式。优先推荐符合条件的合作社参加各级示范社评定。落实合作社从事农产品初加工等用电执行农业生产电价政策等。推进"一村一法律顾问"等试点,为党组织领办合作社防范风险、平稳健康发展提供服务支持。

(6)完善激励措施。将党组织领办合作社成效纳入党组织书记抓党建述职、乡村振兴和年度基层党建考核内容,并作为优秀村党组织书记评选的重要参考,强化考核结果运用,严格兑现奖惩。在推荐评选各级农民专业合作社示范社时,对村党组织领办合作社给予重点倾斜。对获得示范社表彰、产品获得"三品一标"认证的村党组织领办合作社进行奖补。

二 镇（街道）在推进村党组织领办合作社过程中的职责主要有哪些？

镇级党委负责本级党组织领办合作社的具体推进工作，具有直接责任。党委书记是第一责任人，要牵头抓总，统筹各方力量共同推进。分管负责同志是一线指挥员和战斗员，要靠前指挥，及时发现问题并协调解决，定期调度推进。

（1）强力组织推进。把推动党组织领办合作社作为抓好基层党建工作的一项重要抓手，支持和帮助村（社区）建立党组织领办合作社。探索融合现有各类合作社，建立镇级联合社，实现抱团发展。

（2）加强宣传引导。大力宣传村党组织领办合作社的重要意义，把合作社的好处和优势弄懂吃透，耐心细致地向群众讲解，宣传动员大家一起参与进来。

（3）把好产业方向。结合当地产业基础和发展规划，指导村党组织领办合作社科学合理地确定项目，对村（社区）提交的项目可行性分析报告进行审核论证。

（4）完善规章制度。指导村党组织领办合作社建立规范有效的章程和制度，动态监测合作社的成员占比、持股比例、收益分配等要素并帮助整改优化，及时淘汰不合格合作社和"空壳社"。

（5）规范财务管理。对暂时不具备条件单独设置会计账簿、配备专业财务会计人员的村党组织领办合作社统一管理，对大额支出履行审核备案程序，每年对合作社进行一次专项审计。将合作社业务事项纳入村干部任期和离任经济责任审计范围。

（6）保管档案材料。对村党组织领办合作社的章程、合同等文档统一集中管理，安排专人负责，确保完整齐全、存放有序、方便查找。

（7）开展示范激励。着力培育一批班子有力、运行规范、效益良好的

村党组织领办合作社先进典型,加强经验总结和宣传,为面上工作提供样板。对工作成效显著的村(社区)党组织书记表扬奖励。

三）镇(街道)应如何做好对村党组织领办合作社的管理?

镇(街道)对党组织领办合作社的管理主要应做到"八个统一"。

(1)章程统一审核。合作社章程应由镇(街道)逐项审核把关后,方可召开设立大会表决通过。根据生产经营和自身发展,确需修改章程的,村党组织领办合作社应提前报镇(街道)审核。

(2)资源统一评估。依托专业机构(如农林产权交易所等)对集体资源、资产和群众的非货币财产进行统一评估定价。

(3)项目统一论证。村党组织结合当地实际、发挥自身优势,在深入市场调研、广泛听取群众意见的基础上,确定合作社经营项目、运营模式和发展规模,形成合作社的项目可行性分析报告,提交镇(街道)审核。镇(街道)负责组织评审专家召开项目论证会,从项目可行性、收益预期、项目前景和风险等进行全面评估,风险系数高、市场前景差和盲目发展的项目不予批准。

(4)收益统一规范。村党组织领办合作社应依照法律和章程制定盈余分配方案、经成员(代表)大会批准实施。村党组织领办合作社可从当年盈余中提取不高于20%的公积金,用于弥补亏损、扩大生产经营。剩余可分配盈余,按照成员占股比例进行分红。对提供管理、技术、信息、商标使用许可等服务或做出其他突出贡献的合作社成员,给予一定报酬或奖励,在提取可分配盈余之前列支。

(5)财务统一管理。村党组织领办合作社的财务应由镇(街道)"三资"委托代理中心(财政分局)统一管理,后期可单独设置。合作社要为每个成员建立成员账户,主要记载该成员的持股变动情况,作为成员承担责任和享受利益分配的重要依据。合作社对外签订经济合同、支出大

额资金须经镇(街道)分管领导审核同意。镇(街道)每年要对合作社进行一次专项审计,并将合作社业务事项纳入村干部任期和离任经济责任审计范围。

(6)社务统一公开。村党组织领办合作社应将发展规划、经营管理、财务收支等情况,通过线上、线下等形式,定期向社员公开。县、市、区可结合当地实际制定社务公开具体办法,由合作社监事会具体组织实施。

(7)文档统一保管。镇(街道)统一集中管理各村党组织领办合作社章程、合同等重要文档,安排专人负责,确保完整齐全、存放有序、方便查找。合作社可自行留存相关文档复印件。合作社印章使用需由经手人、理事长、监事长共同签字确认,并向镇(街道)分管领导报备。

(8)年终统一评估。镇(街道)每年开展一次统一评估。对工作成效好的村党组织领办合作社进行表扬,对不合格合作社和"空壳社"进行淘汰。对未建立党组织领办合作社的村,引导加入其他村党组织领办的合作社或镇级联合社。

四 如何加强对村党组织领办合作社的风险管控?

(1)退股风险防控。合作社成员以土地承包经营权入股,且该土地已经过流转,合作社进行了集中整治、改良土壤、更新品种、连片经营,退股后将损害村集体和其他成员利益的,原则上不能退出。

(2)自然风险防控。鼓励支持合作社购买水稻、玉米、小麦、油菜等国家政策性保险和蔬菜、茶叶、水果、水产等地方特色农业保险,做到应保尽保,增强合作社抗风险能力。

(3)集体资产流失风险防控。充分发挥合作社成员(代表)大会、理事会特别是监事会的监督职能,加强村集体"三资"监管,确保村集体资源、资产入股合作社保值增值。

(4)破产风险防控。合作社接受国家财政直接补助形成的财产,在

解散、破产清算时,不得作为可分配剩余资产分配给成员,处置办法按照国家有关规定执行。

(5)廉洁风险防控。把合作社业务事项纳入理事长任期和离任审计范围,防止侵占、挪用、截留集体资金、资源、资产等违法违纪行为。

(6)项目实施风险防控。合作社拟开展的项目必须首先进行评估,邀请群众代表、行业部门、专家学者等,充分收集各方意见,由镇(街道)统一组织论证。合作社管理人员要深入研究拟开展的项目,全面分析利弊,切忌"拍脑袋决策"。

五）如何丰富村党组织领办合作社的发展内涵?

党组织领办合作社需要不断提升办社质量,不断丰富发展内涵。要坚持规划引领,加强政策上的支持,通过打造样板示范社的方式加快推动全市覆盖,通过延伸产业链不断提高党组织领办合作社的发展质量和效益,通过组建联合社串珠成链、连点成线、连方成片,走规模化、集约化、高效化的发展之路,形成集党建强、发展好、服务优于一体的综合型合作社,为乡村振兴注入新的活力。

(1)坚持规划引领。乡村振兴战略是一项长期的历史性任务,在发展党组织领办合作社时,要坚持科学规划原则,坚持长期规划和短期规划并行。以乡镇为单位,围绕"市场导向、因地制宜、试点发展、优化布局、整体推进"的工作思路,统筹考虑产业发展、公共服务、土地利用、生态保护等,突出规划的前瞻性、引领性、全局性、可操作性。完善配套扶持政策,建立多维度支持体系,对新建党组织领办合作社提供资金、技术、人才等方面的支持,促进党组织领办合作社更好地发展。建设一批经营规模大、产品质量优的党组织领办合作社示范社,通过典型示范发挥辐射带动作用,加快党组织领办合作社模式的发展与推广。

(2)拓展发展方向。目前成立的合作社大多集中在第一产业,主要

以农产品生产为主，产品附加值不高，因此要拓展党组织领办合作社的发展方向。围绕宜农则农、宜工则工、宜商则商、宜游则游的发展思路，积极探索多元化的发展模式和路径。鼓励以农畜产品生产为主的党组织领办合作社向农产品加工、流通领域纵向延伸，延长此类合作社的产业链，提高农畜产品的经济效益。还可以利用区域资源向观光旅游、民俗文化、生产性服务业、"互联网+"等新产业横向延伸，实现一二三产业融合发展，从而提升综合效益。要打造生产、供销、信用"三位一体"的综合合作社，围绕农业生产的全产业链，从源头到终端，统筹农业生产资料、生活资料的购买，农产品的流通、销售，农业生产资金的服务三个方面，不断拓展业务范围，让农民在合作社享受到一站式服务，尽可能多地分享涉农全产业链增值收益。

可以考虑开展党组织领办合作社承接农村公益性项目试点工作，变"给资金"为"给项目"，对于发展壮大党组织领办合作社、增加农民收入，对于提高农村公益事业水平、提高财政资金使用效率，对于提高基层组织自我服务、自我管理、自我发展的能力和水平都具有非常重要的现实意义。筛选出适合党组织领办合作社承接的公益性项目。比如农村人居环境整治、村庄道路日常养护等小型工程项目，由村党组织领办合作社优先承接实施，使集体经济发展与农村基层自治相互融合。

（3）推动建立联合社。由于村党组织领办的合作社存在规模较小、功能单一、贷款难等问题，而且同一区域的村党组织领办合作社产品同质化严重，同类合作社之间容易形成无序竞争，不利于村党组织领办合作社的发展壮大。成立联合社可以解决上述问题，一方面，联合社可以实现大规模购销，有利于在交易中争取谈判主动，从而节约交易成本、提高销售单价；另一方面，联合社能够有效避免同一地区或同一行业的合作社之间的恶性竞争，促进他们携手联合，实现二次合作。因此，各级党委要着力发挥龙头作用，推动建立合作社联合社，解决村级合作社办不

了、办不好的事。可以把产品相近的合作社联合在一起,统一产品标准,统一对接市场。也可以由政府搭建公益性平台,吸收各村合作社加入,抱团对接资本。可以做镇级、县级联合社,甚至市级都可以建联合社。只有在更大范围内联合起来,形成航母,才更稳固。要尝试打破过去合作社的单体发展模式,用共同利益和共同发展目标凝聚不同区域不同行业的合作社,形成互助互惠合作体系,发挥不同合作社间的互补、协同效应。鼓励同行业或产业密切相关以及同一地区的党组织领办合作社在自愿的前提下,通过合并、兼并等方式进行资源整合和组织重构,组建行业性和区域性联合社,推动相关产业集聚发展,利用集聚效应提升地区优势产业知名度和含金量。

六 如何增强入社群众的主体意识?

(1)统一思想,让群众理解党组织领办合作社的制度优势。村党组织领办合作社是在党组织的领导下,群众抱团发展,从"多条心"变成"一条心",有事共商、有难共担、有利共享,真正确保农民成为发展主体,分享发展收益。要让群众认识到党组织领办合作社是党组织带领大家共同抵御风险、抵御资本剥削的重要手段,是大家自己的事情。如进入合作社后,可以参与"百亩方、千亩方"等土地集中连片整治,提高土地利用率和地力,提升流转费用。

(2)算对比账,让群众认识到党组织领办合作社的经济优势。一是抱团取暖增加收入。加入合作社后,合作社统一负责农产品销售,提高价格谈判议价权,或者注册品牌,提高农产品附加值,增加农民收入。合作社具有规模效应,社员可按批发价格采购生产生活物资,支出比单独购买大为减少,收益相应增加。二是就地打工收入和分红收入。有劳动能力的群众通过在合作社务工,可以实现在家门口就业,入股合作社,年底还可以按照在合作社占有股份比例获得利润分红,省心、省力又有

保障。

（3）放眼长远，让群众感受到党组织领办合作社的服务优势。村党组织领办合作社中，村集体绝对控股，盈利后集体收益最大，集体有了钱就有了为群众办事的资本和底气，就能够在改善基础设施、完善村居环境、保障公共服务等方面加大投入，进一步提升乡村建设和乡村治理水平，实现村美风正。

七）党组织领办合作社如何赢得群众的信任？

党组织领办合作社要真正把"一切为了群众，一切依靠群众"的要求落到实处。合作社的设立、章程的制定、分配方法的选择，都要由入社群众讨论决定，充分运用社会主义协商民主，这是私人领办合作社做不到的。坚持姓"公"不姓"私"，能够真正把分红主动权牢牢抓在手中，让农民群众成为最大受益者，让老弱病残都有保障。只有让群众切身认识到合作的好处，认识到合作社为民办事，合作社才能有稳固的基础和长远的发展。

在党组织领办合作社日常运营管理过程中，要充分发挥党组织作用和党员先锋模范作用。首先是要有会干事创业的领导班子。在健全村党组织领导班子的同时，要建立和完善各项村级制度并规范运行，做到公平公正、公开透明、公道服人。其次是要有善作善成的党员队伍。特别是村"两委"干部要充分发挥党员的先锋模范作用，当好"服务员"。在生产经营的关键时期、重要节点靠前行动，做出表率，及时为种植户提供信息和服务。

八）村党组织书记如何当好党组织领办合作社的"当家人"？

（1）要有情怀。作为村党组织领办合作社的"当家人"，肩负着党领导乡村振兴的神圣使命，寄托着农民群众实现共同富裕的美好期待。因

此,要有为群众办好事、办成事的情怀,要有多讲奉献、多讲公心的境界,要有为群众谋利益、为集体谋发展的担当。

(2)要有闯劲。办好村党组织领办合作社,发展壮大村集体经济,带领群众实现共同富裕的美好愿景,不是轻轻松松、敲锣打鼓就能实现的,需要全村上下特别是村党组织领办合作社的"当家人"有开拓进取、精准务实的智慧,有苦干实干、决战决胜的勇气。

(3)要有办法。要做到善于组织群众,增强村民的主人翁意识,调动村民的积极性,坚持民主决策,凝聚群众的智慧。要勤于学习、调研,主动向其他合作社特别是工作成效明显的合作社学习经验。要注重工作规范,从集体角度考虑,不徇私情、不藏私心,严格按照程序管好资金,该招标的招标、该开会的开会、该请示的请示,把每一笔账都理得清清楚楚。

山东省烟台市提出党支部领办合作社后不久,就赶上全省村"两委"换届,在试点过程中,烟台市提出"好人+能人才是当家人"的选人标准,设置了"两委"成员候选人正面清单和"十五个不得""十五个不宜"的负面清单,储备了一批有情怀有担当、能干事不出事的党支部书记。

(九) 村党组织领办合作社如何激活"能人效应"?

农村能人和外流乡村精英具有观念新、见识广、能力强等优势,且多数已经积累了一定的技术经验、经济资本和社会资本,能够发挥较强的引领示范作用,是推动村党组织领办合作社发展的有力带头人。

村党组织领办合作社要积极寻找拥有较强经济资本、社会资本和文化资本且具有一定奉献精神的农村能人或外流农村精英进入合作社担任一定职务,以此助推合作社发展壮大。

各级政府则应创新人才流动机制,积极推动外流农村精英回归与基层精英资源整合,从组织管理和功能发挥、农业基础设施建设、政府服务

等方面优化合作社发展的内外部环境,为农村能人融入和带领合作社发展创造有利条件。

十　在推动村党组织领办合作社过程中,如何强化典型示范作用?

(1)注重培育典型。加强对试点合作社的扶持力度,形成一套可复制、可推广、可借鉴的典型经验,精心打造一批集党建强、发展好、服务优于一体的精品党组织领办合作社,连点成线、连方成片。

(2)开展交流学习。组织村党组织领办合作社相互观摩学习、交流研讨,共同进步。加强对示范社的经验总结和宣传报道,为其他合作社提供可学可看的经验范例,形成比、学、赶、超的良好氛围。

(3)组织评先评优。定期组织开展党组织领办合作社示范社评比,对工作成效较好的党组织集体和个人优先推荐各类优秀表扬对象,鼓励先进带后进、强村带弱村,不断扩大示范效应,带动全域提升。

山东省烟台市多次召开基层党建观摩会、现场工作推进会,用一个个火热的发展事例鼓舞人心、坚定信心;举办乡镇党委书记培训班、村党支部书记研究班,并通过视频会议的形式直接动员到村一级。烟台市从2017年开始筛选11个村,试点探索、先试先行;2018年开展百村示范行动,重点扶持、树立样板;2019年实施千村覆盖工程,拓面提质、规范管理;2020年全域推进、全面提升。组织编写《组织起来的力量——烟台市村党支部领办合作社强村富民50例》,为各地推行党支部领办合作社提供参考和借鉴。

十一　村党组织领办合作社如何体现"统分结合"?

习近平总书记指出,"一些农村在实行家庭联产承包制时,没有很好地理解统一经营和'归大堆'的区别,放松了'统'这一方面,需要统的没

有统起来,不该分的却分了,其结果是原有的'大一统'变成了'分光吃净',从一个极端走向另一个极端"。同时强调,"农村新型合作经济在坚持和稳定农村统分结合的双层经营体制的基础上,进一步丰富了双层经营体制中'统'的内涵,创造了新的形式,加强了农民专业合作的薄弱环节,为家庭生产经营进一步走向市场、走向现代化开辟了新的空间,可以说是农村生产关系和农业经营体制的又一个创新"。

村党组织领办合作社坚持"统"与"分"的辩证观。一方面,党组织领办合作社将党组织的政治优势、合作社的经济优势及群众的能动性相结合,党建全面融入产业发展、集体增收和农民共富之中,充分发挥"统"的作用。党组织领办合作社通过股份合作的形式,把分散的农户组织起来,开展农业生产物资"统购",农产品统一加工和"统销"等,实现农业生产要素的联合、劳动力要素的联合以及农业生产服务管理的联合,以"统"来发挥"集中力量办大事"的制度优势。

另一方面,党组织领办合作社没有改变家庭承包经营制,村民依然拥有土地的经营权,入社自愿,退社自由。"分"体现在通过清晰明确的股份合作与按劳分配,村民以土地、资金、劳力"入股"合作社,股权明晰、按股分红,能够充分调动和发挥生产积极性、主动性、创造性,符合社会主义市场经济体制的特征。

在发展实践中,党组织领办合作社既发挥规模生产的效应,又通过股份合作的方式将村民个人收益与集体经济发展紧密联结,实现"统中有分、统分结合"。

十二 如何以系统思维整体化推进党组织领办合作社发展?

村党组织领办合作社在上级党组织领导下,树立整体思维、系统思维,按照"地域相邻、产业相近、优势互补、共谋发展"的原则,创新探索"先进带后进、大村拉小村、富村帮穷村"帮扶带动模式,以联思想带观

念、联设施带提升、联产业带发展为重点，采取"一对一"为主，"一对多"和"多对一"为辅的方式推行"强村联弱村"，实现党组织领办合作社的整体化推进。

一是队伍建设联动。按照干部队伍"共建互助、结对互帮"的思路，建立强村弱村干部结对关系。开展村干部跟班学习，弱村派专人到强村跟班学习发展理念、资源整合、人员管理等经验，解决思想上"弱"的问题。

二是基础设施联建。坚持区域统筹，合理布局村级道路、高标准农田、水利、供电工程等基础设施建设，对区域村庄建设、基础配套、公共设施、环境整治等各方面进行整体规划设计，推动基础设施建设由"分村实施"向"跨村联建"转变，为强村带动弱村产业发展奠定坚实基础。

三是产业发展联兴。强村党组织帮助弱村厘清发展思路，共享实用人才、种养经验、市场营销等资源，充分发挥"强村"产业优势，依托核心产业，通过复制嫁接强村的成功经验和成熟模式，帮助弱村发展项目，制定基础设施建设、村集体经济发展、党组织领办合作社产业路径等规划，指导其充分盘活利用好现有资源，发展特色产业，切实壮大村级集体经济和实现农民增收。

对于村级产业基础薄弱，资金、人才等各方面条件不成熟，暂时无法组建党组织领办合作社的村，可以引导村民就近加入其他村的党组织领办合作社，并将本村资金、土地等入股到强村项目中，利用收益分红提高村集体经济收入。待本村发展规划明确、具备相应条件后再组建党组织领办的合作社。

十三 什么是党组织领办合作社联合社？

根据《中华人民共和国农民专业合作社法》规定，3个以上的农民专业合作社在自愿的基础上，可以出资设立农民专业合作社联合社。党组

织领办合作社联合社是在村党组织领办合作社的基础上由各级政府根据实际发展需要成立的地区性经济组织,主要目标是助力乡村振兴,推动地区村级集体经济发展,实现共同富裕。

目前,大部分村级党组织领办的合作社受资金、资源、人才等限制,产业规模较小、模式单一,可选择的发展方向有限,抗风险能力较差,合作社与合作社之间专业化协作程度较低。而联合社具有组织包容性、经营服务兼容性、成员利益一致性等诸方面优势,更有利于实现成员利益最大化。组建各级联合社可以有效整合各方资源,优化市场要素配置,在品牌运营、市场开拓、信息共享、规则约定和行业自律等方面发挥"1+1＞2"的作用,实现更高层次深度合作和全产业链条生产。

十四 村党组织领办合作社如何成立联合社?

联合社围绕地区优势特色产业发展,可吸纳相关企事业单位、社会团体、村级股份经济合作社、农民专业合作社、龙头企业、家庭农场等参与。联合社不接纳非法人单位为成员。

党组织领办合作社联合社各成员单位股份划分。乡镇、县市区分别以乡镇人民政府、县市区职能部门(农业农村部门、乡村振兴部门、供销社等)为牵头部门成立各级党组织领办合作社联合社,牵头部门一般占股不低于50%,其他成员单位均股。并且联合社正常运营期间,要求入社或退社的,经联合社研究同意后,按照募集股金标准入(退)社,不承担股本亏损或不享受股本溢价。

镇级组建党组织领办合作社联合社模式大致可分为两种模式。第一种模式为均股型,即镇股份经济合作社联合社。登记发证部门为县区农业农村部门,成员为政府、村居(组)级股份经济合作社,入股形式为现金,股比为均股,经营范围不限定。第二种模式为认股型,即镇农民专业合作社联合社。登记发证部门为县区市场监管部门,成员为镇政府、农

民专业合作社、龙头企业、家庭农场,入股形式有现金、土地、资产折股量化等,股比为镇政府原则上占比50%以上,剩余股份自愿认领,经营范围遵照市场监管部门的规定。

十五 如何办好县级、镇级联合社?

党组织领办合作社联合社在确定产业项目时,各地区因地理位置、自然资源、产业基础各不相同,确定产业项目要坚持因地制宜,从实际出发,进行广泛的市场调研,摸清地区特色产业,找到一条适合本地区特点、发挥自身优势的发展路子。在党组织领办合作社联合社建立初期,各方面经验不足、对市场的把握有时不够准确,应当选择本地区已成规模的产业作为发展方向,充分整合挖掘境内资源,使资源要素实现有机整合,促进产业提质增效。

联合社在自身发展壮大的同时,应注重引导和吸纳其他农民专业合作社加入联合社,实现彼此联手、融合发展,使得资源要素有机整合,促进产业提质增效。联合社作为经济主体,其投资行为为联合社成员社带来分红收益的同时,在产业发展、项目资金整合、技术服务供给、全产业链发展等方面具有积极作用。在产业发展上,联合社扩大了经营范围、销售规模,节约了生产、交易成本和费用,产生了规模价格优势,提高了合作社的市场竞争力;在项目资金整合上,可以有效避免同类型合作社的恶性竞争,联合社与合作社、合作社与合作社能够在一些地区性项目和一些同类产业上,整合资源、携手联合、共同发展;在技术服务供给上,联合社具有更高层级的组织优势,能够解决农民专业合作社难以解决的问题,满足社员对服务的多样化需求;在全产业链发展上,主导产业发展成熟的联合社可依托其自身资源禀赋,围绕优势产业,将上下游各环节的合作社和农资供应、农产品加工流通等企业整合在一起,生产、加工、销售为一体,抗风险能力强,并且联合社成员社能够共享全产业链带来

的增值效益。

安徽省芜湖市湾沚区于2022年3月成立芜湖再生稻农业发展专业合作社联合社,注册资金1 000万元,入股形式为资金入股,第一批成员为湾沚区农机推广中心、湾沚区乡村建设发展有限公司、12家再生稻生产专业合作社等14家单位,合作社主要围绕"再生稻全产业链生产"开展服务。第二批成员募集主要对象为各镇联合社、各村股份经济合作社。花桥镇党委组织12个村股份经济合作社在全市率先组建镇级联合社,其中镇政府占股4%,各村分别占股8%。第一笔350万元投资款重点支持双孢菇生产发展,实现企业、村集体、村民共赢。湾沚镇党委组织辖区内所有村居成立镇级联合社,入股资金2 000万元,重点支持一二三产业发展、乡村旅游和培训场馆建设。

贵州省毕节市鸭池镇26个行政村通过推行党支部领办合作社,一改往日"空壳"现象,全镇村集体积累达1 300万元。在此基础上,为了统筹村级合作社共同发展,鸭池镇成立了镇党委统领的镇级合作联社——鸭池镇格啷种植养殖农民专业合作联社,通过镇党委统领的镇级合作联社,抓好"产业选择、资金筹措、技术服务、规范管理"等产业发展前端环节和"市场销售"终端环节,有效解决了村党组织领办的合作社面临的两大"卡脖子"问题。

十六 如何通过"县、镇、村"三级合作社联合社体系实现党组织领办合作社全覆盖?

村党组织领办合作社可与其他村党组织领办合作社组成联合社,也可以在上级党委的指导下与镇级合作社、县级合作社等进行合作,构建"县、镇、村"三级合作社联合社体系。

村党组织领办合作社的联合社,接受乡镇(街道)党委(党工委)、政府(办事处)和各级农业农村部门、乡村振兴部门、市场监督管理部门的指导和监督,是实现新时代基层党建"双联双应"的有力抓手,要带领农民群众发展集体经济,注重吸纳被"精英社"抛弃的困难农民;在村党组织与乡镇党组织设立的农民专业合作社联合社中,要求联合社所涉及的基层党组织齐心协力,将联合社集体与联合社成员的利益置于联合社发展的首位,带领联合社成员走共同富裕道路。

在村党组织领办合作社、联合社的过程中,需要上级党组织给予一定的扶持与帮助,例如镇级党组织要支持和帮助村建立起党组织领办合作社,积极探索融合现有的各类合作社形式,不断提高合作社的层次和规模。镇级合作社可与村党组织领办合作社建立"镇+村"两级联合社,扩大村级合作社的范围,同时也要加强两级联合社的管理,确保联合社为公不为私,确保两级联合社所涵盖的集体和群众利益,实现互利共赢。

与镇级合作社形成联合社,是为了帮助解决村级合作社在发展过程中遇到的做不到、办不好的事情而应运而生。若镇级合作社的规模与平台仍无法妥善解决村级合作社的困难,则可以与县级合作社进行联动,形成"县+镇+村"三级合作社联合社体系,通过将经营内容相似的、产品范围相近的合作社联合在一起,统一确定产品标准,由县级合作社率领镇级以及村级合作社统一对接市场,形成庞大的农民群体,增强联合起来的协同效应,抱团获取资本的投入。只有在更大的平台上、更广阔的范围内建立"县+镇+村"联合社,形成乡村振兴发展道路上的一艘艘航母,才能更加稳固地带领广大农民群体走向共同富裕。

村党组织领办合作社在发展过程中,可与产品类似、营业范围有重叠的镇级合作社,甚至县级合作社抱团成为联合社,在组建成为一个更大规模的农民组织时,更要加强党对合作社的领导,自上而下,上级党组织稳大局,指导合作社的发展,基层党组织稳落实,保障政策在执行的过程中不偏不倚,确保合作社的正确发展方向,从而实现在"县、镇、村"三级合作社联合社体系中党组织领办合作社的全面覆盖。

十七 如何促进党组织领办合作社与其他新型农业经营主体协同发展？

协同发展就是指协调两个或者两个以上的不同资源或者个体，相互协作完成某一目标，达到共同发展的双赢效果。党组织领办合作社与其他新型农业经营主体一样，都是建立在以家庭联产承包经营为基础，统分结合的双层经营体制之上的新的农业产业组织形式和经营组织制度。党的十九大报告提出要"巩固和完善农村基本经营制度，深化农村集体产权制度改革，完善农业支持保护制度，发展多种形式适度规模经营，培育新型农业经营主体，健全农业社会化服务体系，实现小农户和现代农业发展有机衔接"。

1990年3月3日，邓小平在与中央负责同志的谈话中说，"中国社会主义农业的改革和发展，从长远的观点看，要有两个飞跃。第一个飞跃是废除人民公社，实行家庭联产承包为主的责任制。这是一个很大的前进，要长期坚持不变。第二个飞跃是适应科学种田和生产社会化的需要，发展适度规模经营，发展集体经济。这是又一个很大的前进，当然这是很长的过程"。在第一个飞跃完成后，是否能够实现第二个飞跃，即规模化种植和农业社会化生产，是实现农业现代化的关键所在。

新型农业经营主体包括专业大户、家庭农场、农民合作社、涉农企业等。新型农业经营主体是具有大规模经营、较高的集约化程度和较强的市场竞争力的农业经营组织。20世纪80年代中后期以来，新型农业经营主体一直被视为引领农业适度规模经营发展的先锋，从农业产业化萌芽起步，发展到如今家庭农场、农民合作社、农业产业化经营组织、农业社会化服务组织等各类新型农业经营主体共生共荣的新阶段，新型农业经营主体的发展脉络始终内含了帮助农民、提高农民、富裕农民的价值取向。党领办合作社是以基层党组织为核心，把党的领导全面融入合作社运行的全过程,同样以为农服务、振兴乡村为目标。党组织领办合作社与其他农业经营主体在价值目标上具有一致性。这也决定了协同发展的可行性。

党组织领办合作社为实现与其他农业经营主体的协同发展,必须充分发挥自身优势,统筹协调,实现优势互补。

(1)加强党建引领,以规范发展对各类合作社起到示范作用。长期以来,随着城镇化进程的不断加快,我国城镇化率不断提高,"农村空心化""农业边缘化"和"农民老龄化"的"新三农"问题日益突出。尤为突出的是农村没有支撑产业,留不住人,土地大面积抛荒。虽然近些年来,各种新型农业经营主体不断出现,但是缺人才、缺资金、缺服务等问题依旧存在。

党组织领办合作社的目标定位是深化农村改革、促进农村党建工作与经济工作紧密结合的重要载体,同时还是夯实党在农村执政基础、加强农村基层党组织建设的重要抓手。它能够将支部的政治优势、组织优势和合作社的经济优势有机结合,有效提升基层组织力,激发乡村振兴的内发动力,进而助推实现乡村产业振兴的目标。党组织领办合作社带有公共性和政治影响力,其顺利发展对其他类型合作社不规范发展现象是一种"纠偏"之举,也是提升合作社美誉度的改革举措。党组织领办合作社在要素供给等方面存在着一定优势,在合作社体系构建过程中将发挥"鲇鱼效应",提升合作社整体经营管理能力,提高农民进入市场的组织化程度,壮大农村集体经济实力,提升农民收入水平,夯实农村基层组织建设的基础。

(2)党组织领办合作社可以补齐其他新型农业经营主体的短板。乡村振兴的主体是村集体和农民,在农业农村现代化进程中,农民不能成为配角。从以往的实践来看,在一些其他新型农业经营主体中,在大户带动或者涉农企业领办的农业专业合作社中,农民只能获得土地流转基

本金,好一点的有些务工收入,但不能参与项目发展"分红",不能得到最大实惠,村集体收入也难以得到有效保障。习近平总书记强调,"关键是完善利益联结机制,不能富了老板、丢了老乡……让农民合理分享全产业链增值收益"。从实践来看,只有党组织领办合作社才能实现这个要求,只有党组织才能落实好农村土地集体所有制,贯彻以农民为主体的农业发展思维,把习近平总书记"农民的地农民种是必须坚持的基本取向"这一要求落到实处。再者,集体经济是有公有私、公私兼顾的经济,不以赢利为首要和唯一目的;集体经济又是范围经济,就是为本地有明确边界范围内的成员谋利益。

(3)党组织领办合作社可通过股权参与等形式和其他农业经营主体协同发展。新修订的《中华人民共和国农民专业合作社法》第二章第十八条规定了"农民专业合作社可以依法向公司等企业投资",并且明确了"以其出资额为限对所投资企业承担责任"。可见,国家是鼓励和支持这类合作社与其他市场主体协同进入市场的,这就要求探索这类合作社与其他市场主体有效合作的模式,以增强其进一步纳入到市场经济体系的能力,提升其在农村市场经济体系中的影响力。

十八 村党组织领办合作社如何开展信用合作?

1.党组织领办合作社开展信用合作的背景和基础

当前,我国农民正处于城市化进程之中,农民除了生产性需求之外,还存在社会结构影响下的非生产性需求,比如婚丧嫁娶、建房或者买房,这使得我国农民的金融需求呈现出生产性与非生产性混合的状态,导致农民的借贷目的具有高度模糊性。再加上农民的抵押物缺失、贷款金额小、贷款时间短等特性,加大了农村金融环境的风险性。

商业性金融组织以盈利为目的,而农户的分散性以及规模有限,增加了商业性金融机构由于信息不对称而带来的交易成本和风险,使得商业性金融组织正逐渐退出农村市场。而政策性金融业务领域集中在商业性金融和内生性金融够不到的区域,依靠财政资金,服务范围有限,属于保障型金融,单一的出资主体无法与多样化的农民需求对接。而农村合作金融组织作为内生性金融组织,可借助村社内部资源的挖掘和汲取,降低成本,提高效益,弥补外生性金融组织因服务不足而留下的空间,有助于解决农村金融活动在农村面临的三大问题。

第一,农村合作金融组织能够增强资金的可获得性。农村合作金融组织作为内生性金融组织,扎根于农村和农民之中,且其准入门槛低、手续简便,能够满足农民及时方便获得资金的要求。第二,农村合作金融组织能够降低交易成本。农村合作金融组织的封闭性将其限制在一定地域范围内,熟人社会的属性使得借贷双方知根知底,能够利用社会关系和村庄内的"面子货币"降低交易成本。第三,农村合作金融组织具有益贫性。农民在熟人社会中通过长期互动达成村庄共识,形成共同体意识,乐于进行一些益贫性微型金融活动。总之,农村合作金融体现了农村内部成员的互帮互助,对于缓解城乡金融资源配置失衡、促进乡村建设有重要价值。

随着市场化、城市化和农业现代化的发展,农村金融需求日益多元化。农民在市场经济的引导下,竞争意识强烈,对资金的需求也更加强烈,呈现出农村金融无法满足农民金融需求的状况,在这一表象的引导下,地方开始想办法往农村注入资金。中央党校徐祥临教授调研发现,农民缺乏资金与农村金融机构账面资金充裕是并存的,越是经济不发达的农村,其农村金融机构账面上的闲置资金越多,所以根本原因不在于缺少资金,而在于缺乏把大量闲置资金用于支持农村发展的体制机制,对这一问题的认识使得我国走上了农村商业金融改革的路子,但最终的实践证明,农村商业金融存在制度性短板。在实践中,农民已经开始通过自己的力量探索满足自身金融需求的方式,作为一种自下而上内生于

农村内部的金融供给形式的农民合作社合作金融,值得试点和探究。

2.党组织领办合作社开展信用合作的主要流程

(1)出资成立。依托现有合作社发起成立,成员出资,明确持股比例。

(2)开立账户。借力托管银行,资金单设账户,封闭运作。管理层不碰资金,合作社不设柜台,不做现金提取发放,降低运转风险和成本。

(3)评议授信。可结合融资规模、成员平时信用评价等,召开评议大会,初步对不同社员授信不同额度。

(4)借款申请。社员需要使用互助资金时,向合作社提交申请书。

(5)审核审批。小额资金申请可根据授信额度直接审批,大额资金申请应组织评议小组或召开评议大会讨论确定。可探索将40%~50%的社员表决权交给理事会,保障借款审核既能代表多数人的意见,又快捷省时。

(6)签订合同。合作社与借款社员签订借款合同、保证合同。借款利率一般应低于普通商业银行贷款利率。

(7)资金归集发放。根据划转指令,托管银行将出资社员互助金划至合作社账户,再由合作社账户划转到借款社员账户,还款时反向处理。

(8)定期分红。合作社定期按持股比例向具体出资社员分红。

3.党组织领办合作社开展信用合作的原则

党组织领办合作社开展信用合作应先从以"专业合作+资金合作"为主做起,即合作社并不主要经营信贷活动,只是将合作社的闲置资本(资金)、成员的闲置资金聚集起来,在成员之间进行互助性借贷,重点扶持小额、季节性和临时性的会员资金需求,讲求小额分散,切勿贪大求快,被大额坏账拖垮。在开展信用合作过程中,需要重点遵循以下几个原则。

(1)"对内不对外",资金互助对象必须严格限于合作社成员内部,非

本社成员决不允许入股或向互助金借款。

（2）"吸股不吸储"，参加资金互助的成员只能以入股的方式加入，以其所入股金对互助金运营的风险承担相应责任。

（3）"分红不分息"，对于入股互助金的成员不能设置类似利息的固定回报，仅能以其所入股金享受分红。

（4）"围绕产业发展"，借款用途只能用于成员发展生产，使用方向必须限于与本合作社生产经营活动相关的用途。

十九 村党组织领办合作社开展信用合作有哪些模式可以借鉴？

在政策法规的推动下，湖北、安徽等地已经开始在农村探索和推行合作社的信用合作，但各省由于基础条件不同，在开展信用合作过程中的具体模式并不一样，对党组织领办合作社开展信用合作都有一些可供借鉴之处。

1. 湖北省的合作金融试点模式

湖北省于2015年开展了10个农村合作金融试点县工作。其中枝江市作为湖北省首个农村合作金融创新试点县（市），于2015年7月由枝江市政府整合资源成立国有企业，并联合其他企业发起成立市农民合作社联合社，吸纳专业合作社、家庭农场以及种养大户等农业经营主体，建立起"政府+合作社+金融"的新型农村合作金融，引导农业经营主体存入资金，为农业经营主体提供政策优惠以及资金支持，提高农业经营主体的抗风险能力。后续计划进一步拓展其职能，并打造成为农业社会化服务的综合平台。

从整体上来说，湖北省大部分农民仍以农村信用合作社为基础实现合作金融，对农民互助金融的关注不足。虽然湖北省农民合作社数量庞大，但是其金融互助的功能性不强，大多数仅仅停留在农业的赊销环节。此外，在财务管理和盈余分配上也存在一定的问题。比如，部分合

作社没有建账,也没有专业财务人员,并且在日常账务的处理上不规范。所以,从已有实践来看,湖北省农民合作社合作金融仍面临一些阻碍,同时有很大的发展空间。

2. 安徽省的合作金融模式

安徽省在农村合作金融上发展较早,现已在实践中探索出一些合作方式。通过对已有研究的梳理发现,安徽省的农村合作金融主要表现为两种实践方式:一种是以合作社为基础,引入外部资金实现农民之间的互助,这种实践方式主要以安徽省金寨县为代表;另一种是在合作社内部开展资金互助活动,这种实践方式主要以安徽省安庆市为代表。

第一种实践方式。安徽省金寨县被确定为全国第二批农村改革试验区,主要任务就是为农村资金互助社进行创新探索,完善农村金融组织体系。安徽省金寨县的探索大致可以分为两种模式:一是"股金+合作资金"模式,除社员入股的资金外,社员还可以将闲散资金放到合作社内,再加上农民合作社提取的公积金和上级拨给的专项资金,共同构成合作资金,实现社员之间的贷款互助;二是"股金+银行资金"的模式,除了社员出资外,合作社要作为银行与社员之间的担保中介,建立"社员小额入股存入合作银行,银行多倍放大贷款额度"的合作金融模式。有学者认为,还应存在"供销股金+合作资金"的第三种新型农村合作金融组织试点典型模式,应该规范发展第一种模式,积极推进第二种模式,严格管理第三种模式。

第二种实践方式。2011年,安徽省农业委员会将安庆市作为整体推进合作社开展信用合作的试点,逐步探索出了一套从资金筹集、使用、风险防范到收益分配的运行机制。即以产业为支撑,允许管理规范的农民专业合作社在内部开展资金互助活动,采取"对内不对外、吸股不吸储、分红不分息"的经营原则,为合作社成员提供短期、生产性资金借款服务。

　　安徽省在农村合作金融的实践探索,整体上丰富了农民的贷款渠道,增加了农民的担保形式,分摊了金融风险。

　　安徽省和湖北省在农村合作金融的发展上虽然处于不同阶段,但是其总体上具有相同之处。首先,农村合作金融的内生性。农民在自身需求的引导下,能够自发组织产生满足其自身金融需求的非正规合作金融组织。其次,农村合作金融形式的多样化。农民可以依托在村庄社会中的血缘关系、地缘关系和业缘关系,组织起多样化的合作金融形式。再次,农村合作金融的发展需要依靠政府的力量。虽然农民具有自发组织满足其金融需求的动力,但是其能力和资源有限,实力较弱,无法依靠自身的力量发展壮大,所以政府的引导和支持对于农村合作金融的发展具有重大意义。

第四章

思 考 篇

一 为什么要发展党组织领办合作社？

乡村振兴的关键是组织振兴，发展壮大村集体经济，绝不是单纯的经济问题，而是巩固党的执政地位和实现共同富裕的治本之策，是重大的政治问题。

（1）坚持党的领导，服务人民群众的需要。习近平总书记强调"坚持党的领导，首先是坚持党中央权威和集中统一领导，这是党的领导的最高原则，任何时候任何情况下都不能含糊、不能动摇"。党的领导始终是党和国家事业兴旺发达的根本保证。中国共产党自1921年成立以来，始终把为中国人民谋幸福、为中华民族谋复兴作为自己的初心使命。而中国最广大的群众基础在农村，不论是谋中国人民之幸福，还是谋中华民族之复兴，都要高度重视农业农村的发展问题和农民幸福程度。因此如何不断提高农业市场地位、解决农村发展问题、改善农民生活水平，始终是党密切关心的问题。党的十九大以来，习近平总书记提出实施乡村振兴战略，鼓励全国因地制宜发展多种类型的合作社，推进农业农村现代化建设。从实践来看，各类型的农村合作社，只有党组织领办合作社才最能够真正做到让全体农民共享合作社发展成果。

2013年中央一号文件指出，农民合作社是带领农户进入市场的基本主体，是发展农村集体经济的新型实体，是创新农村社会管理的有效载体。此后形式多样的农民合作社建立和发展起来，但只有党组织领办合

作社才能保证制度、民情和市场的结合。这不单单是因为党组织的领导决策，还因为和其他类型的农民合作社相比，党组织能够为农民提供更多、更好的生活生产服务。此外，党组织还能有效团结和组织社会各种力量来参与农村各类集体经济建设，领导农村小农户和现代农业发展进行衔接。组织群众、凝聚群众、宣传群众、服务群众是中国共产党的光荣传统和村级党组织的基本职责。

(2)遵循市场规律，科学发展农业的需要。党组织领办合作社的核心功能是经济功能。我国是一个市场经济国家，农村要想发展好经济，就需要遵循市场规律参与市场竞争。然而分散的小农户生产力难以抵御社会化大生产的冲击，农户的联合发展是必然趋势。与其他类型的农民合作社相比，党组织领办合作社充分发挥了家庭联产承包责任制统分结合中"统"的功能，有效避免以往集体经济形式的弊端，尤其是实现土地所有权、使用权归集体所有，保证集体经济的生存和发展，使得参与农户能够"抱团发展"，增强参与市场竞争的能力。党组织领办合作社，将村民、土地、资产等有效组织起来，实现"资源变资产、资金变股金、农民变股民"，生产要素集中统一，发展乡村特色产业，壮大集体经济实力。

党组织领办合作社注重整合利用有效资源，带动周边村庄建立专业合作社联社，形成产业发展共同体，避免各自为战、资源浪费，能够有效化解市场风险等各类风险，保障群众利益。注重延伸产业链，加强农产品深加工，深化拓展农村电子商务和农村物流，顺应产业发展交叉渗透趋势，形成集种植、加工、销售于一体的全产业链条，推动一二三产业有机融合，不断壮大集体经济，推动农村经济向高质量发展。党组织领办合作社重视农产品品牌建设，整合区域品牌农产品标准，解决现有合作社农产品品牌"多、弱、小、散"的状况，提高农产品的市场竞争力。党组织领办合作社按照产业链和品牌组建专业合作社联社，注重品牌的整合融合发展，做强做大特色品牌，最大限度提升品牌影响力，紧盯市场需

求,提升产品品质,推出多样化、高附加值的品牌产品。

(3)增加农民收入,缩小城乡差距的需要。党组织领办合作社的目的是发展壮大集体经济、提高农民收入和实现共同富裕。增加收入,逐步缩小城乡差距,这是农民最关心的问题,也是党组织领办合作社的目的。党组织领办合作社,能够聚民心、汇民智,将农村的土地、资金、资源进行有效整合,其中最为重要的原因就在于,党组织领办合作社不仅能保证集体经济的主体地位,发展壮大集体经济,还能增加农民收入,解决农民最关心的问题。

党组织领办合作社可以更好地解决农村经济发展的前端和后端问题。比如,党组织领办合作社通过多渠道组合帮助农民升级生产方式、改善土地质量、正确选取种植种类等。此外,相比别的类型的农村合作社,党组织领办合作社在农产品质量提升方面增强了品牌意识,打造好的品牌可以提升在市场中的核心竞争力,注重加强具有地理标志的品牌农产品的培育和种植,提升了农产品的附加值,削弱了农作物进入市场的前端壁垒;党组织领办合作社还会为农民的生产成果寻找合适的买家,提高与买方市场议价的能力,解决农民"丰产不丰收"的问题。

(4)覆盖全体农户,实现共同富裕的需要。党组织领办合作社,有助于巩固和拓展脱贫攻坚成果,在集体经济发展中不断改善民生,减小贫富差距,让所有农民有更多获得感。相比于其他类型的农村合作社,党组织领办合作社考虑到全体农户。党组织领办合作社坚持"入社自愿、退社自由"的原则,不强求全体农户参加。党组织领办合作社不仅向一般农户宣传,还会尽力保障条件相对困难一些的监测户入社。

党组织领办合作社是巩固脱贫攻坚成果的关键力量,给予农村更新、更强的经济发展活力。党组织领办合作社对农村不同状况的家庭做到充分考虑,不会单纯因为利益导向而将面临困难的农户排除在合作社之外。相反,党组织领办合作社不仅给了困难农户更多、更灵活地参与

合作社的途径,还为他们提供了工作岗位,以保证全体农民共享发展成果。

二 为什么要由村党组织领办合作社?

走农业合作化道路,要有一个核心,就是坚持和加强党的领导。村党组织是党联系群众的桥梁和纽带,是把党的路线、方针、政策贯彻落实到基层的组织者、领导者,代表了最大多数人的利益,也是最大多数人利益的维护者、建设者。善于组织群众是我们党的最大优势,只有充分发挥党组织的作用,才能把这种积极性变为现实。

(1)村党组织领办合作社是实现新时代基层党建"双联双应"的有力抓手。《中国共产党支部工作条例(试行)》明确要求村党组织要带领农民群众发展集体经济,走共同富裕道路。目前大多数的村集体股份经济合作社都是无法壮大集体经济的"空壳社",村级集体经济"空壳",服务就会空白,政治就会"空壳",党在农村的执政就会"空壳"。同时,在组织群众方面,"党的有组织 > 资本的有组织 > 小农的无组织"。村党组织领办合作社建立了集体和群众的经济利益共同体,在组织和服务群众的过程中,强化了干群关系。各级部门通过合作社这个平台强化了和基层的联系,真正实现"机关联系基层、干部联系群众"和"党组织对群众有求必应、群众对党组织一呼百应"两项工作的催化与融合。

(2)村党组织领办合作社是发展村级集体经济、实现共同富裕的必然要求。村党组织领办合作社,能够最广泛地整合资源,改变村集体简单发包租赁、群众单打独斗的低水平增收模式,能够将过去被"精英社"排除在外的监测户、低收入农户等困难群体吸纳进来,巩固脱贫成果,防止返贫致贫,能够确保村集体获得最大收益,实现发展成果共享。

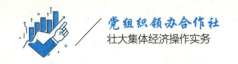

三 **党组织领办合作社的历史渊源和政策依据是什么？**

党的十九大提出,乡村振兴战略是实现农业现代化的重大战略决策。在深入实施乡村振兴战略的过程中,农村集体经济的发展始终处于关键地位。2019年,《关于加强和改进乡村治理的指导意见》中指出,"建立以基层党组织为领导、村民自治组织和村务监督组织为基础、集体经济组织和农民合作组织为纽带、其他经济社会组织为补充的村级组织体系",明确了农民合作组织的地位。以农民合作组织为基础建立的新型农村合作社是农村集体经济得以发展、助力乡村振兴的重要组织形式。合作社的成立能够充分发挥农民的主体作用,有效提升农民组织化程度,加速创新农业生产经营体制。2020年,习近平总书记在吉林省考察时强调:"鼓励各地因地制宜探索不同的专业合作社模式,把合作社办得更加红火。"

关于合作社道路的探索,是在党组织的领导下,发动和组织农民进行百年奋斗的延续。无论是新民主主义革命时期还是中国特色社会主义新时代,党组织领导农民,赋予农民民主权利和物质利益的方法依旧是发展合作社。近百年来党组织领导农民对合作社的发展进行坚持不懈的探索,为更好地发展农村合作社提供政策依据和政策支持。

1. 新民主主义革命时期的探索实践

1922年7月,中国共产党第二次全国代表大会通过《关于工会运动与共产党的决议案》的《附加决议案》,该议案指出"工人消费合作社是工人利益自卫的组织,共产党须注意和活动此组织"。同年9月,安源党组织领办安源路矿工人消费合作社,这是中国共产党领办的第一批合作社之一。1925年11月,《中国共产党告农民书》发表,其中提出"各级农民协会要在农村中办消费合作社"。1927年6月,中共中央农民部制定《关于协作社之决议草案》,其中详细阐述了合作社的办理原则,对入社人员、合作社经费、合作社选址等问题进行解答。1930年2月，中共闽西特委编印《合作社讲授大纲》，向农民群众详细阐释合作社的建设和发展，对合作社的原则、作用、红利分配等问题进行解答。中央苏区时期，合作社的发展得到苏维埃政府的重视。1932年至1933年，相继颁布了《合作社暂行组织条例》《合作社工作纲要》《发展合作社大纲》三个文件，颁发了粮食、消费、生产和信用合作社章程，指导苏区合作社事业，并对合作社给予财政上的扶持。

抗日战争时期，中国共产党在陕甘宁、晋察冀、晋冀鲁豫等抗日根据地领办合作社，对解决根据地经济困难起到至关重要的作用。1939年10月，陕甘宁边区政府召开了边区合作社第一次代表大会，会议在总结两年来工作经验的基础上，对边区合作运动的基本方针、任务及中心工作等重要问题做出决议，审议通过了《陕甘宁边区合作社第一次代表大会决议》及《陕甘宁边区合作社联合社章程》。与此同时，中共中央财政经济部拟定了《各抗日根据地合作社暂行条例示范草案》，其中对合作社的种类、性质、方针和组织机构等内容做出明确规定。1941年，晋察冀边区行政委员会发布的《合作社法草案》规定，合作社是"依自愿互助平等原则，以联合经营办法，谋社员之经济利益与生活改善的经济组织"。该法案是抗日战争期间比较完整的关于合作社的法规。

解放战争时期，农村合作社在东北、华北一带发展迅速。中华人民共和国成立前，全国共有各类合作社30 000个，社员3 000万人，股金3 000万元。1948年11月，《关于目前发展东北合作社几个问题的意见》中明确指出，"在东北完全解放的形势下，必须大量发展合作社，增加生产，支援全国战争"。1949年3月七届二中全会上，毛泽东指出，合作社经济是半社会主义性质的，是人民共和国的几种主要的经济成分之一。

2.社会主义革命和建设时期的探索实践

1951年9月，中共中央召开全国第一次互助合作会议，全会通过了

《关于农业生产互助合作的决议(草案)》。经过一年多的试点工作,1953年2月15日,中共中央将该决议草案通过为正式决议。决议指出要将农民群众组织起来,以自愿互利的原则为先,调动农民互助合作的积极性。1953年12月16日,中共中央通过《关于发展农业生产合作社的决议》,该文件指明了党对农业进行社会主义改造的路线,即引导个体农民经过具有社会主义萌芽的互助组,到半社会主义性质的初级社,再到完全社会主义性质的高级社。1955年10月至11月,中共中央相继通过《中国共产党第七届中央委员会第六次全体会议(扩大)关于农业合作化问题的决议》和《关于农业生产合作社示范章程草案》,在全国范围内掀起以建设初级社为中心的农业合作化运动。1956年,第一届全国人民代表大会第三次会议通过《高级农业生产合作社示范章程》,高级合作化高潮进一步席卷全国农村。截至1956年底,全国农业生产合作社共有100.8万个,入社农户10 668万户,加入合作社的农户达全国农户总数的96.3%,其中18万个初级合作社于1957年转变为高级社。1958年8月,中共中央政治局北戴河扩大会议审议通过《关于在农村建立人民公社的决议》,规定将各地成立不久的高级农业生产合作社统一升级为人民公社。自此,人民公社代替农业合作社成为新的农业经营主体。

3.改革开放和社会主义现代化建设新时期的探索实践

1984年,中央颁布一号文件《关于一九八四年农村工作通知》,其中规定废除人民公社体制、规范家庭承包政策,同时就如何发展农村合作经济做出相应指导。文件指出:"农民可不受地区限制,自愿参加或组成不同形式、不同规模的各种专业合作经济组织。"20世纪80年代末90年代初,全国农村中的行业技术协会、新型合作社等组织形式开始逐步发展起来,到90年代中期,全国农村专业技术协会、新型合作社的数量已有十多万。

进入21世纪,2003年浙江省被农业部列为全国唯一的农民专业合作经济组织试点省,2004年开展通过《浙江省开展农民专业合作社条例》。2006年1月,在全省农村工作会议上,时任浙江省委书记的习近平同志首次提出了建立农民专业合作、供销合作、信用合作"三位一体"的农村改革新思路。2006年10月,第十届全国人大常委会第二十四次会议通过《农民专业合作社法》,该法的颁布使农民专业合作社的发展走向新阶段。

4. 中国特色社会主义新时代的探索实践

经过90多年的探索,党组织在领办合作社的过程中不断积累经验、总结教训,坚持探索符合我国国情的农民合作社发展道路。党的十八大以来,国家高度重视农民合作社发展。党的十八届三中全会决定、十九届五中全会决定、国务院印发《乡村振兴战略规划(2018—2022年)》等政策文件,为构建新时代新型农业经营体系、创新农业经营方式、走高水平发展道路,提供了政策和制度的双重保障。同时,2013年至2022年的中央一号文件(表1)对农民合作社的产权制度、组织制度、融资制度和发展方向等内容持续进行细化,提升农民合作社的引领作用和带动能力,充分发挥农民合作社在现代农业经营体系中的重要作用。

表1　2013—2022年,每年的中央一号文件中与合作社有关的内容

年份	文件	内容
2013	关于加快发展现代农业进一步增强农村发展活力的若干意见	创新生产经营体制,稳步提高农民组织化程度
2014	关于全面深化农村改革加快推进农业现代化的若干意见	鼓励发展专业合作、股份合作等多种形式的农民合作社,引导规范运行,着力加强能力建设
2015	关于加大改革创新力度加快农业现代化建设的若干意见	引导农民专业合作社拓宽服务领域,促进规范发展,实行年度报告公示制度,深入推进示范社创建活动

续表

年份	文件	内容
2016	关于落实发展新理念加快农业现代化实现全面小康目标的若干意见	培育家庭农场、专业大户、农民合作社、农业产业化龙头企业等新型农业经营主体
2017	关于深入推进农业供给侧结构性改革加快培育农业农村发展新动能的若干意见	加强农民合作社规范化建设，积极发展生产、供销、信用"三位一体"综合合作
2018	关于实施乡村振兴战略的意见	全面深化供销合作社综合改革，支持农民专业合作社、专业技术协会、龙头企业等主体承担培训
2019	关于坚持农业农村优先发展做好"三农"工作的若干意见	开展农民合作社规范提升行动，深入推进示范合作社建设，建立健全支持家庭农场、农民合作社发展的政策体系和管理制度
2020	关于抓好"三农"领域重点工作确保如期实现全面小康的意见	继续深化供销合作社综合改革，提高为农服务能力
2021	关于全面推进乡村振兴加快农业农村现代化的意见	推进农民合作社质量提升，加大对运行规范的农民合作社扶持力度
2022	关于做好2022年全面推进乡村振兴重点工作的意见	加快发展农民合作社、农村集体经济组织、基层供销合作社等各类主体，大力发展单环节、多环节、全程生产托管服务，开展订单农业、加工物流、产品营销等，提高种粮综合效益

（四）党组织领办合作社如何体现党的全面领导？

村党组织领办合作社在党组织领导下发展集体经济，引导资本有序发展，保障集体和群众利益，实现互利共赢。在实际操作过程中，坚持"合作社姓党"，由村党组织书记代表村集体注册成立合作社，并明确是职务行为，而不是个人行为，村党组织领办合作社的领导是党组织集体，而不是党组织书记个人；坚持"决策权在党"，确保集体股具有决策权，利润分红由合作社主导，向普通社员特别是困难群众倾斜，助力实现共同

富裕。

安徽省芜湖市在推进党组织领办合作社中,坚持强化组织保障,把牢共富发展新方向。一是组织领航。将党组织领办合作社作为加强农村基层党建、推动乡村振兴的重要抓手,市、县、镇、村四级书记带头抓,通过专题研讨、学习宣讲、专家授课等方式,把会议开到村一级,讲清楚党组织领办合作社的性质、宗旨,算好经济账、政治账、社会账,层层宣传发动,凝聚思想共识。在全省率先制定《芜湖市推进村党组织领办合作社壮大集体经济实现共同富裕的实施方案》等政策制度,规定由村党组织书记代表村集体注册成立合作社,并通过规定程序担任合作社主要负责人;明确村集体持股比例不低于50%,合作社的重大事项,由村党组织研究审议后,再提交合作社成员(代表)大会决议,突出党组织主导地位。二是党员带头。鼓励党员、村(组)负责人以及乡贤等带头参加党组织领办合作社,在产业发展、项目实施等工作中做给群众看、带着群众干、帮着群众富。三是群众参与。明确群众在合作社持股比例不低于30%,单个成员持股比例不得超过10%,既防止大户控制,又鼓励更多群众入社,将以往的农民合作社由少数人发起、少数人受益,转变为现在的多数人发起、多数人受益,尤其是优先将监测户和低收入户吸纳入社,在成立党组织领办合作社的村,困难农户入社比例达到100%。

（五）党组织领办合作社与生产、供销、信用"三位一体"综合合作社的关系是啥样的？

"三位一体"是指将生产、供销和信用三大农业生产环节汇集在一起,统一规划、协同联动。构建"三位一体"综合合作社是构建现代化农业经营体系,实现农业现代化和乡村振兴的重要途径。对广大农民来说,通过发展"三位一体"综合合作社能够改变农民往日紧盯一亩三分地、靠天度日的传统模式,形成以农民生产为主体,合作社提供销售、信

用等综合服务的新兴模式。对农业发展来说，"三位一体"综合合作社能够促进生产、供销、信用协调联动，通过下沉金融机构的资金渠道，促使农业生产、加工、销售和农村金融服务紧密相连，带动土地、资金、技术、人才等要素灵活流动，促进农业发展方式转变。

所谓"供销合作"，是指在农业生产资料、生活资料的购买和农产品的流通、销售过程中，把流通销售环节的利润尽最大可能留给农民，让他们尽可能多地分享涉农全产业链增值收益。所谓"信用合作"，是指资金互助、保险互助、融资担保等金融支撑。乡村发展一大瓶颈就是资金，农村发展需要钱。单个农户规模小、风险大，且不说银行不愿意贷款给农业和农户，就算愿意，也需要支付大量的利息。而大量农民在银行的存款事实上进入了城市和企业，并没有留给农村自己用。如果建立了农民金融互助组织，农民的钱直接用于集体生产，省去中间环节，不仅能大大缓解资金的困难，这一块金融利润也就留在了农民手里。这是以人民为中心的发展思想的具体体现。中央党校徐祥临教授曾经调查过几百个中等偏下的县，这类县市的乡镇，存贷比超过20%的都很少。国内外大量的经验数据表明，在以农业为主的农村，存贷比在50%左右即可全面覆盖农户的生产生活资金需求。所以，农村并不缺资金，问题在于资金没有在农村内部形成流动，缺少的是把大量闲置资金用于支持农村发展的体制机制。要解决这个问题，就必须依托合作社搞资金互助。合作社是最了解每户农民的，是有手段控制风险的。只有把农村的产业体系特别是供应链体系建立起来，资金互助在供应链体系上才能建立一套有效的风险防范机制，也便于运用大数据等一系列的手段防范风险。这样的合作社，就可以建构起"种养加销全产业链"，真正实现农民合作社全要素的合作，实现一二三产业融合发展，不仅可以为农民带来生产性收入、经营性收入，还可以带来财产性收入，大大拓宽了农民的增收渠道。

发展"三位一体"综合合作社不仅要依靠农民本身和合作社，更需各主体相互配合、共促成长。在发展过程中,各级党委政府应完善顶层设计,做到科学统筹、因地制宜、完善制度、防范化解风险。同时,尽力确保市场主导、激活创新要素,促进各相关部门加强合作。具体来说,要处理好生产、供销、信用各环节的关系。生产是农业的核心与基础,要积极提供和拓展生产服务,支持开展土地托管、代耕代种、联耕联种、机播机收、统防统治,着力提高农业科技化水平,提升农业生产效率。供销是盘活农业资源、农村发展和市场对接的关键,要构建农民与市场之间的纽带,提升流通服务质量。做好农业生产资料和农村日用品供应、农副产品收购等工作,开展农资集采和产品统售,保障农业平稳发展。信用是农业农村可持续发展的重要保障,通过建设供应链金融、信用体系,规范依法使用信贷资金,助力金融机构下沉服务。

党组织领办合作社是加强党对农村工作的领导、夯实党在农村的执政基础的重要手段之一。党组织领办合作社与"三位一体"综合合作社是互为表里、互相依托的。

(1)党组织领办合作社与"三位一体"综合合作社互为表里。党组织领办合作社与"三位一体"综合合作社的侧重点不同,但核心目标却并行不悖。党组织领办合作社强调党是农民、农业、农村工作的主心骨,强调合作社的领导权;而"三位一体"综合合作社的重点是构建集约化、规范化的农业生产过程,强调合作社的行动方法。但不论是党组织领办合作社,还是发展"三位一体"综合合作社,最终都是为了把以人为本的治国理念落实于农业农村现代化实践,让城乡居民共享农业农村现代化成果。

(2)"三位一体"综合合作社为党组织领办合作社筑牢物质基础。"三位一体"综合合作社的实质是形成一个涵盖农业生产链全过程的制度设计,为农民在购买生产资料、生产和销售农产品、农业生产经营过程中,提供基本的金融、保险等方面的社会化服务,打通小农户与大市场之间

的壁垒,从而解决传统农民专业合作社服务窄、成本高、实力小、风险大、忽略其他环节和整体合作、效率低下的现实问题。因此,"三位一体"综合合作社模式能够一改往日合作社效能不高、农民参与感低、农业发展疲软的问题,为乡村振兴提供有力的制度支持,从而实现农村经济飞跃,为党组织领办合作社筑牢物质基础。

(3)党组织领办合作社为"三位一体"综合合作社提供组织保障。尽管"三位一体"综合合作社的工作成效显著,但近年来出现的问题和困境却层出不穷,根源是源于管理的混乱和制度的缺失。通过建立党组织领办合作社,能够突出合作社以为人民服务为基本原则和宗旨,坚决杜绝非法敛财、专业管理缺失、农民无法参与、利益分配不均、组织者非法获利等重大问题。时刻明确合作社将农民利益放在第一位、不以营利为目的的基本原则,为"三位一体"综合合作社带来更加清朗的风气、更加清晰的制度、更加清明的管理。

党组织领办合作社可以充分发挥政治优势、组织优势,打造生产、供销、信用"三位一体"的综合合作社。发展"三位一体"综合合作模式能够促进供销合作社的组织体系和运行机制的改革,提升合作社本身生产、流通和信用综合服务能力,真正建成为农民的生产和生活服务的新平台。

因此,只有以党组织领导为制度核心、以深化"三位一体"为行动指南,让党组织领办合作社成为党和政府联系农民群众的桥梁和纽带。各级党委政府应科学统筹、因地制宜、促进创新、防范风险,既要加强组织领导,也要建立各部门之间的协作机制,及时研究新情况、解决新问题;既要强化政策支持,也要提供公益性服务和政府购买服务等实际支持;既要培育适应市场特点和合作经济发展要求的"三农"工作队伍,也要大力宣传、营造良好的舆论氛围,为构建和发展"三位一体"综合合作社保驾护航。

六）党组织领办合作社与浙江强村公司的联系和区别是什么？

村党组织领办合作社和浙江强村公司都是以共同富裕为目标，壮大集体经济，实现乡村振兴。基于资源分布不均匀以及地理位置差异等客观原因，村集体经济很容易出现"强者更强，弱者更弱"的局面，仅仅依靠一个村就让资金盘活的难度较大。所以，依靠以强带弱、弱村抱团，可以更加有效地促进村集体的产业规模，以尽快实现乡村振兴。村党组织领办合作社是在党组织的领导下，通过有序引导村集体资金，发展集体经济，从而实现互利共赢。浙江强村公司主要目的是持续扩大村集体经济。

第一家浙江强村公司最早是在2015年的湖州南浔区，全区44个欠发达村以"抱团取暖"的形式合资成立有限公司，一同开发物业产业园，并实行统一管理、经营以及利益分配。2019年，南浔区全面推进强村公司，通过村集体经济组织独资和村集体经济组织控股联合投资等形式，创立了29家强村公司，经营范围涵盖农业服务以及工业平台等多个领域。党组织领办合作社与浙江强村公司的区别主要体现在四点。

（1）领导组织不同。党组织领办合作社是由村级集体经济组织或村党组织负责人注册成立农民专业合作社，其中理事长一般由党组织书记兼任，党组织成员兼任农民专业合作社管理人员，目的是保障党组织在合作社经营与管理上的主导作用。浙江"强村公司"不仅仅指某一家企业，而是各个村镇为了促进集体经济发展，按照"产权清晰、收益归村"的原则，根据各村经济情况、地理位置以及村内资源等条件，由村集体经济组织独资、多村联合投资、国有资本投资和村集体经济组织控股联合投资打造的市场化运营特色品牌。其中理事长以及其他管理人员会通过公开招聘选取优秀人才担任，更好地运用各村资源促进村集体经济的发展。

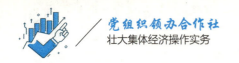
（2）控股主体不同。党组织领办合作社成员股份结构一般由村民股、管理人员股、村集体股与其他人员股构成。农村集体经济组织代表村集体以集体土地经营权、集体资金、财政补助资金等入股，党组织会鼓励村民以土地经营权、劳动力以及资金等不同形式入股，并且管理人员也可以通过资金等方式入股。浙江强村公司由于经营规模各异，控股主体也会存在差异，主要有村集体控股以及农村合作社控股等形式。如浙江湖州练美农业发展有限公司由练市镇西堡村、花林村等23个村集体以每村出资10万元的形式共同组建而成，实现入股村集体资产"持续造血"和不断扩大的目的。湖州南浔湖笔小镇新农村发展有限公司由善琏镇15个行政村联合出资组建，实行"独立核算、自主经营、自负盈亏"的经营模式，公司积极探索多元化的收入方式，项目年收入超过200万元。湖州市南浔区中小企业科技孵化园有限公司则由各村经济合作社成为强村公司的股东组建而成，集中力量抱团发展，实现村级资产翻倍升值。

2021年9月，浙江安吉县山川乡成立了一家名为浙江川合实业有限责任公司的强村公司，由全乡6个村一起抱团成立并独立经营乡镇旅游配套设施等业务，主要由各村股份经济合作社出资833.3万元，分别占股16.67%，共同组建构成。

（3）组建方式不同。党组织领办合作社主要有村企合作经营、村集体自主独立经营以及对外承包经营等模式，通常采用"统—分—统"的模式，即初期由合作社统一规划，进行道路建设、土地规整以及水肥一体化等，经营一年后将土地划分对外承包经营，土地经营过程中由合作社统一提供灌溉、农资以及施肥等配套服务，收取适当费用。浙江强村公司主要有三种组建方式：一是村集体独资，主要是由集体实力较强、村资源优势明显的村集体出资；二是多村联合投资，可以突破村域和镇域限制，联建联营；三是村企合作，主要引入国有企业持股或者控股，以促进集体经济发展。

（4）收益分配不同。党组织领办合作社收益分配主要分为合作社自留资金、村集体和入社群众三个部分。其中，自留资金主要是通过设定公积金和公益金等用于合作社自身的发展以及发展村内村民公益事业。合作社盈余分配方式是按照约定比例提取盈余公积金，用于转增资本、发展生产以及弥补亏损；按照约定比例提取盈余公益金，用于成员教育文化、技术培训以及福利事业；其余资金由村集体和社员按照所占股份进行分红。浙江强村公司收益分配主要是按投资的股权分配，盈利按"弥补亏损、提取公积金、提留公益金、股权分红"的优先次序进行分配，从当年可分配利益中，提取公积金、公益金等积累部分，剩余部分按照集体控股的比例进行分红。

村集体股份经济合作社可以代表村集体出资入股到党组织领办合作社的农民专业合作社中，也可以出资入股到强村公司。党组织领办合作社的市场化程度更高，推行范围更加广泛，经营管理更加有效。与浙江强村公司相比，党组织领办合作社更加注重对群众的组织，可以将监测户以及低收入农户吸纳进来，从而更好地保障困难群众的利益。

七 党组织领办合作社的政治优势、组织优势和经济优势具体体现在哪些方面？

1.党组织领办合作社的政治优势

（1）党的领导是最大的政治优势。在历史上，我国的农业合作化曾经走过弯路，而现在的一些专业合作社也存在一些管理粗放、运营混乱和利益分配不合理的问题。要使合作社更加有序、规范地运行，必须要加强合作社的管理。党组织领办合作社是将党的制度建设引入合作社，实现有序、规范地运行。我们党是有着严格组织纪律的党，而且也在不断加强自身的政治建设和组织建设，在基层的党组织能够和合作社相结合，让党组织来领办合作社，这样也就加强了党对农村集体经济的领

导。如果没有党的领导,村级的集体经济就会变成缺少领导核心的空壳,也会影响到党在农村的执政。因此,坚持在党的全面领导下发展壮大农村集体经济,不仅仅是简单的经济问题,更是重要的政治问题。农村合作社有了党的领导,群众社员们在党员干部的带领下才会更有干劲,因为他们相信党。有了党的领导这根主心骨,合作社才能形成科学规范的运营管理体系,在后期的利益分配时也会更加倾向群众,可以更好地激发群众的能动性和积极性,有利于合作社的生产和经营。

(2)善于团结人民群众的巨大优势。我们党始终坚持与人民群众站在一起,守在一起。不管是在以前的战争年代,还是现在的和平年代,中国共产党始终坚持全心全意为人民服务的宗旨。党组织领办合作社是将党组织与合作社联系在一起,也就是将党组织与人民群众联系在一起。农村的基层党组织总是想百姓所想,急百姓所急,党组织领办合作社,积极帮助农村群众解决生产发展问题。党组织领办合作社,党员干部负责带动群众积极参与,集体收益让集体成员共享,老百姓拿到了实实在在的好处,自然就会提高自己的劳动积极性,而且会团结越来越多的人才和群众加入合作社。

2.党组织领办合作社的组织优势

(1)思想上能有效引领群众。党组织领办合作社有着巨大的政治优势,可以有效团结群众积极加入合作社。但是群众加入合作社之后必须要积极工作,一心一意为集体做贡献,这样才能有利于合作社的发展。党组织领办合作社,由于党本来就是始终代表最广大人民的根本利益,自然也就能跟人民群众打成一片,更好地动员人民群众加入合作社。党组织领办合作社不是仅仅以经济收益为目标,而是同时考虑到农村居民的生活环境、乡风文明等与当地群众息息相关的各方面的发展,这与其他私人的合作社是不一样的。由于党组织领导的合作社始终以人民群众的利益为重,也就能让群众跟党组织一条心,在思想上保持高度一致,

因此党组织领办合作社能在思想上有效引领群众，把思想工作做在了群众的心坎上，大家心往一处想，劲往一处使，协调均衡多方面的发展目标，使得合作社的发展越来越好。

（2）组织上能高效实施政策。农村的基层党组织是执行党的路线方针政策的末端，也是我们党与人民群众最近的党组织，可以直接倾听群众的诉求。因此，党组织领办的合作社，与群众直接联系，可以协调各方组织之间的联系。利用基层党组织的组织功能，可以更好地发挥支部党员的先锋模范作用，吸引更多优秀人才加入队伍中，可以更好地结合群众和干部的思想、行动和智慧，使得干部与群众之间的关系更加紧密，同心协力为合作社出力，共建美好乡村家园。一个好的基层领导班子对于农村的发展和合作社的发展至关重要，农村的基层党组织在合作社发展过程中要起到组织引领的重要作用。党组织领办合作社，可以更加高效地向群众宣传党的政策，执行起来也更加具有时效性，从而更加有利于合作社的资源整合发展。同时，作为基层党组织，又可以时时与群众沟通，询问群众的想法和感受，并及时向上传达，其具有的这种中间桥梁的作用，是私人合作社所没有的。

3. 党组织领办合作社的经济优势

（1）整合资源更加便利。农村合作社要想发展好，必须整合农村和周边可以利用的资源要素。如果只是一个农村的个体户来组织合作社，就很难做到各方面资源的统筹协调。由党组织来组织领导合作社可以更好地与村里的群众进行沟通，以党的政治优势来吸引更多的群众加入合作社，这样就很容易召集到足够的劳动力。另外，党组织领办合作社还可以争取到更多优质资源，可以吸引到更多村外的优质资金来投资，而且也可以申请到更多的资金补助。通过对这些资本的整合和利用，党组织领办合作社可以更好地引导和约束这些社会资本为集体经济做贡献，同时社会资本也会获得合理收益，实现多方共赢。党组织领办合作

社还可以改善村里的水利交通等基础设施,便利当地群众的生活,又可以在总体上提高集体收入,这样会更好地促进合作社的发展。

(2)利益分配更加利民。党组织领办合作社,在利益分配上也更加透明和"亲民"。党组织领办合作社是为了带领群众共同致富,而不像那些私人创办的合作社是为了获取更多的个人利益。党组织领办的合作社,党组织成员是先锋带头人,要充分发挥党员先锋模范作用,带动群众入社,秉持吃苦在前、享受在后的优良作风。支部成员在利益分配时,也是秉持公开透明的原则,没有特殊利益,合作社收益的大部分都留给集体和社员们,这样一来,普通社员也能凭借自己的劳动获得不菲的收益,也就更加接近共同富裕的目标。比如在烟台市栖霞市的东院头村,集体购买农资,每年能够为村里的群众节省支出200多万元,这是只有党组织领办的合作社才能做到的,栖霞市也实行了科学的利益分配机制,把收益最大限度地向群众倾斜。

(3)风险对抗更加有力。党组织领办的合作社,是发展农村集体经济的一种模式,合作社的项目主要与各个农村当地的地理特点和区域优势有关,其中以种植类的居多,而这些种植类的项目,时间周期较长,而且受外部环境的影响也是比较大的,所以一般来说也是风险较大的。相比一些个人的合作社,党组织领办的合作社抗风险能力会更强,这是由于党组织能够更好地发挥集体经济的优势,发动群众一起干,大家都把集体的产业当作自己的产业,因为只有集体经济发展好了自己的收益才会更好,所以在参与项目的过程中每个人都会更加认真和投入,这样一来就会降低风险发生的概率。另外,党组织领办的合作社,在遇到资金缺乏或者销售链中断等风险时,党组织也能更好地带领群众一起及时找到新的资金源和产业链,拥有的资源和人脉更加丰富,能够发挥自身优势,可以更好地对抗经营风险。

八 **党组织领办合作社如何实现政治功能、经济功能、社会功能的"三个统一"?**

党组织领办合作社,是党在新形势下为人民服务和密切联系群众的具体体现,也是党组织保持自身活力、锻炼和考察干部的有效办法。党组织领办合作社可促进农业农村经济发展,在推广农业生产技术、提高农民收入、推进农村民主管理进程、增强村民凝聚力等方面可以发挥积极的社会功能。

1.党组织领办合作社的政治功能

为适应社会主义市场经济发展的要求,在政府与农民之间,需要社会中介组织承接政府的相关职能。党组织领办合作社建立在农民自愿的基础上,贯彻"入社自愿、退社自由"的原则,实行自愿组合、民主管理,使成员真正当家做主。农民专业合作社可以使广大农民在经济活动中养成行使民主权利、进行民主管理的习惯,增强民主意识,提高民主决策能力。广大农民在参与合作社经济活动过程中,能逐渐体会到合法守序、诚信经营的重要性,依法维权的意识也会加强。同时专业合作社深入农民群众,联系当地实际,宣传党的方针政策,尊重农民意愿,集中农民意见,提出解决问题的思路和建议供群众选择。这不仅可以促进农村经济发展,而且有助于推进农村民主管理进程。党组织领办合作社通过组织机制将分散的农民组织起来,进行有效的政治参与,克服了单个农民政治参与的无序,扩大农民政治参与的影响力。

2.党组织领办合作社的经济功能

党组织领办合作社在农业产业化经营中发挥着重要作用。党组织领办合作社把千家万户的农民组织起来,抱成一团,使农民真正成为千变万化的大市场的主体,提高农业标准化、规模化、市场化程度,实现农业增效、农民增收。发展农民专业合作社,是提高农业生产专业化水平

的一个重要环节,是农村经营体制创新的一种有效形式,是实现乡村振兴、发展农村经济、增加农民收入的有效手段。合作社的成立,不但提高了农民抵御市场风险的能力,还成为促进农民增收、拉动地方经济发展的新支点,通过发挥品牌和规模聚集效应,促进农业的产业化、规模化,有力地推动农村经济的发展。党组织领办合作社对缓解农村资金紧张、解决农民贷款难等问题,可起到促进作用。党组织领办合作社也是农产品参与市场竞争的组织保障,通过把分散的从事小规模生产的农户组织起来,共同致力于提高农产品市场竞争力,可以更好地打开市场,更有效地提高市场议价权,增加农民收入。

3.党组织领办合作社的社会功能

党组织领办合作社是农民在党的领导下自发成立的组织,植根于乡村社会,天然有着良好的群众基础。党组织领办合作社在乡村治理中也积极承担科技推广、文化及卫生服务、社会保障等社会功能,能够有效提升农民在社会文化领域的组织化程度。党组织领办合作社通过提供全方位农业生产服务,提高了种植粮食的水平,提高了粮食总产量。粮食生产效率的提高也会提升农民的生产积极性,为确保粮食安全做出了重大贡献。

4.政治功能、经济功能、社会功能的有机统一

在实践中做到政治功能、经济功能、社会功能三者的有机统一,需要从以下几个方面着力。

(1)坚持党的领导。坚持党的领导是党组织领办合作社实现政治功能、经济功能和社会功能有机统一的前提与保障。把党的领导全面融入合作社运行的全过程,首先选择思想好、有能力的村党组织书记,在上级党组织指导下,代表村集体注册成立农民专业合作社,这种安排确保了党组织牢牢把控合作社发展的政治方向,避免合作社落入少数唯利是图的私人资本的手中。党组织领办合作社将党的政治优势、组织优势同社

会主义市场经济优势相结合,使农村"统分结合"中"统"的部分,不仅仅停留在保持土地集体所有权的层面,而是把集体经济做实做活,使个体分散经营发展为适度规模经营,丰富了"统"的内涵,从而为农业的集约化、标准化管理,良田、良种、良法、良品的普及,以及产业链条的延伸、三产的融合发展等创造了前提条件,激发了乡村振兴的内在动力。

(2)拓展服务功能。在乡风文化上,党组织领办合作社通过把农民群众组织起来,开展丰富的文化活动,丰富农民生活,增强村民凝聚力。同时强化村庄精神文明和生态文明建设,培育淳朴、文明乡风,不断提高乡村治理水平。在乡村事务上,党组织领办合作社积极拓展养老、医疗、基建、就业等公共服务。在养老领域可以发展互助型养老服务,组织留守老人、空巢老人开展互帮互助,实现自助。随着党组织领办合作社的不断发展壮大,为农村剩余劳动力提供了更多的就业岗位,促进了劳动力回流,丰富了乡村人力资源,夯实了乡村振兴战略的社会基础。

(3)注重因地制宜。目前,各地经济基础、发展水平、要素禀赋均不相同,各地需要因地制宜发展不同类型的合作社。首先各地在建立农民合作社时应该充分考虑本地经济发展现状、要素禀赋结构、生产要素价格,确定将要建立的合作社类型。此外还要加大合作社投资建设,鼓励合作社在单位土地上投入更多的资本。而建立具有规模优势和专业优势的合作社可以促进农业固定资产投资,从而提高农业生产效率和产值。

(4)强化品牌建设。品牌效应是服务功能最直接的体现,响亮的品牌不仅可以进一步拓展市场,提升农产品价值,带动产品利润增加,还能振奋村民信心,提高农民参与合作社各项事务的积极性。品牌效应建设可以从以下几个方面入手:首先,用良好的产品质量打响品牌。合作社销售农副产品要与销售商接洽,了解农产品的市场需求,及时加强农产品生产的标准化建设,社员统一按照标准流程进行生产,形成有效的质

量保证和监管体系,提升农产品的安全性,提高农产品质量,保证品牌的口碑效应。其次,根据各地实际情况,因地制宜打造具有地方特色的农副产品。在本地市场积极打响品牌后可以向更广阔的市场积极推广产品。再次,充分运用微信公众号、朋友圈、抖音、直播带货等多种宣传方式宣传产品,提高产品的知名度,形成良好的品牌效应,提高产品的销量,带领全体社员实现致富。社员收入不断提高,日子过得越来越好后,他们会以更加积极饱满的热情参与到合作社的生产经营活动中,实现党组织领办合作社政治功能、经济功能、社会功能三者的有机统一。

(5)引导资本参与。当前农业农村发展面临的最大问题是资金短缺,但解决资金短缺问题不能仅仅依靠政府拨款,可以通过招商引资来解决发展困境。党组织领办合作社通过对外招商引资,引导外商进行规模化的开发。同时招商引资不能仅仅停留在吸引资金上,党组织领办合作社还可以将目标集中在与城市大型超市、特产超市的长期战略合作上,解决农副产品销售问题,为合作社农业生产经营提供保障。

九 村党组织领办合作社能够为乡村带来哪些好处?

强化党对农村工作的全面领导。村党组织领办合作社是一项系统工程,从试点组建到项目选定再到收益分配,涵盖了村级班子建设、发展集体经济、群众增收、后备力量培养、群众工作的方方面面,党组织从经济发展的"后台"走向"前台",由推着群众干到领着群众干,开展工作有了抓手、服务群众有了实力,群众对党组织有了依赖,实现了从"百呼不应"到"一呼百应"的转变。

培养锻炼基层干部的全面能力。村党组织领办合作社解决了多年来发展集体经济无路径、组织群众无手段的问题,让基层干部干事有了舞台、说话有了底气,真正找到"当家人"的感觉。

走上强村富民的发展之路。村党组织领办合作社打破了以往村集

体简单发包租赁、群众单打独斗的低层次、低水平增收模式,通过整合闲散的资源、整合分散的资金,由党组织重新优化配置,既让群众参与合作社全产业链增值收益,也使集体经济发展有了源头活水。集体有了钱,投入到农村人居环境整治、养老助残扶幼等公共服务中,乡村建设将更加美丽,乡村治理将更加有序,群众对党组织也会更加拥护。

山东省烟台市牟平区水道镇通海村地理位置偏僻,受镇域辐射较小,曾经是省定点扶贫工作重点村,发展党支部领办合作社后,改变的不仅仅是村容村貌,更提振了全村的"精气神"。村干部表示"以前村里穷,村民都没见过大场面,精气神和自信心不够,总感觉矮人半截。如今,村里隔三岔五就有专家来搞研究,光'高端科研牌子'就挂了好几块,大家都美在心里,笑在脸上"。

芜湖市繁昌区峨山镇沈弄村党组织领办合作社利用自有资金在年前提前储备了农资,受疫情影响,春节后市场上的农资供应普遍紧张且价格上涨,合作社按平价将农资及时送到农户手中,有力保障了当地正常农业生产,村集体和群众实现"双赢",受到群众广泛好评。

（十）党组织领办合作社的发展将如何影响乡村治理?

推进乡村治理体系和治理能力现代化建设是实现乡村全面振兴的必然要求。随着国家治理进程的不断推进,乡村治理成为国家治理体系的有机组成部分。党的十九届四中全会强调,推进乡村治理体系和治理能力现代化建设是实现乡村全面振兴的必然要求。

乡村治理既包括乡村的自我治理(又分为自我发展、自我管理建设),也包括国家对乡村的治理。在乡村社会的特定环境中,不同的治理主体通过合理配置、正确调度公共资源以实现乡村治理现代化的目标。乡村治理对于乡村的长足发展、实现乡村振兴、建设和谐社会具有非常积极的作用。

1. 乡村治理中存在的问题和挑战

在我国奋力完成新时代脱贫攻坚目标任务的同时,乡村治理能力水平也取得了历史性成就。但我们也应该看到目前乡村治理仍然存在很多的问题和挑战。

(1)乡村经济发展缓慢。经济发展是乡村治理的基础,也是重点。经济基础薄弱让乡村治理工作难以取得重大进展。一方面,目前农村的经济发展依然以传统的小农经济为主,且没有自己的优势产业和特色产品,无法向现代化经济方向迈进。另一方面,乡村治理需要得到乡村财政的有力支持,而部分村集体经济状况不佳,很大程度上影响了乡村治理工作的开展。

(2)乡村治理权责不明。当前我国乡村治理工作实际开展过程中,存在治理工作权责不明的问题。虽然《中华人民共和国村民委员会组织法》对乡镇和村委会的权责进行了明晰,但是,在工作实际开展过程中,依旧存在乡镇和村委会之间权责不明问题,两者之间依然会因为管理权责的问题而引发矛盾,对乡村治理产生不利影响。

(3)乡村治理满意度不高。实施乡村治理的首要任务就是以人民为中心,以为人民服务为宗旨。在当前完全依赖政府推动的乡村治理模式下,限于资金不足等问题,群众没有获得与自身相关的切实利益,因而满意度较低。因此在未来的乡村治理中,最根本的还是要增强群众的满足感和获得感,不断提升群众的满意度。

(4)群众集体参与意识薄弱。群众积极参与乡村治理是提高乡村治理效能的重要途径,农村居民作为乡村治理的主体,直接参与乡村治理过程有助于让基层治理更好地发挥其效能和保障居民的根本利益。当前部分群众认为在乡村治理中的发言权较弱,甚至觉得事不关己,因而参与的积极性不高,实际参与率相对较低,集体意识较为淡薄。

(5)农村发展缺乏人才支撑。农村"空心化"、人口老龄化情况较为突出,生产技术和设施都相对落后,农产品边缘化、缺乏包装和推广。由于集体经济发展势头不好、效益不高,大量中青年劳动力选择外出务工,社会结构发生了很大变化,农村人口减少,留居老人的精力和能力不足,导致大量的土地荒废、资源闲置。农村劳动力结构变化对乡村治理工作产生了很大的影响。

2. 党组织领办合作社对乡村治理的影响

面对乡村治理的困境,党组织领办合作社是一条以党建引领为核心、以发展壮大集体经济建设为载体,实现村庄公共性重建和有效治理的路径。以党的领导为核心就是要充分发挥党组织的政治优势,在集体经济中做好组织、协调、监督等工作,降低成本,提高效率,保障经济发展过程中的公平和正义。党建引领的目的,就是重建农民利益纽带和共同体意识,重塑乡村治理的社会基础,提升乡村治理的有效性。

党组织领办合作社嵌入乡村治理有利于为乡村振兴战略下的乡村治理提供优化路径。这和党中央要求的"充分发挥农民合作社在乡村治理结构中的重要作用"精神有了紧密的联系和衔接。更为重要的是党组织领办合作社将党组织、合作社以及群众等各乡村治理主体有效联结和融合,在乡村治理方面取得良好成效。

(1)党组织的凝聚力增强,党的执政基础得以巩固。发挥党组织优势是做好基层工作的基础,合作社将先进技术、闲散资源等进行有效整合,改变以往的低效率、低效益模式,不仅节约了成本,进一步提高了产品的质量和市场竞争力,更为重要的是在组织生产的过程中,极大增强了党组织和人民群众的紧密联系,带动集体经济向前发展,不断增强党组织的影响力,有利于巩固党在基层工作中的执政基础。

(2)党组织的组织力和群众的干事劲头更足。党组织在领办合作社的过程中,通过在组织、发动、带领群众扎实苦干中展示先锋作用,也找到了其更大的价值所在,真正成了农村经济发展的领导者。与此同时,

党组织与群众之间结成了利益共同体,群众跟随党组织和集体的步伐不断发展与进步,党组织的工作开展也变得便捷高效。在此过程中,村民的集体意识和大局意识得以增强,群众在合作社发展过程中对党组织的信任大幅度提升,而这种信任也是民心凝聚的基础。

(3)村集体经济发展与农民群众增收实现双赢。党组织领办合作社为集体经济的发展提供了切实可靠的平台,党组织领办合作社通过技术升级、资源整合和优化配置,转变经营和发展的模式和理念,引领产业升级,将一家一户单打独斗变成了集体进步、共同致富。在社员和村集体经济收益增加的同时,进一步提升群众的经济获得感和满足感,进而对农村总体经济环境产生良好的影响,形成互利互惠、合作共赢的发展势头。

(4)组织功能适当延伸和拓展。乡村治理的根本目的是更好地为人民服务。除了经济领域,党组织领办合作社的功能延伸到了公共服务管理和文化宣传等方面,通过举办文化和学习活动,在丰富社员生活的同时也宣传了合作社。党组织领办合作社在实现发展壮大村集体经济的目标后,更有实力为村民提供优质的公共服务,推动基层服务事业的发展。

(5)组织起来的群众力量更强。因为党组织领办合作社模式,使得集体与群众形成了利益共同体,彼此间的利益息息相关。党组织领办合作社使得群众的思想认知从根本上发生了改变,党组织和群众之间以及群众彼此间的联系不断增强,集体意识和集体荣誉感不断增强。这使得为乡村发展而组织起来的群众力量更为强大,在此过程中,党组织成员充分发挥了党员的先锋模范作用,也充分激发了群众的积极性。

党组织领导乡村治理,是以党的领导力保证乡村振兴的政治方向,是将制度优势转化为治理效能,将党的领导贯穿到乡村振兴全过程。党组织领导乡村治理,是以党的凝聚力推动乡村振兴的稳步发展,是依靠

党组织的自身优势,发挥党的价值引领和服务功能,团结带领广大群众积极投身于乡村振兴事业。

贵州省安顺市塘约村以合作社为抓手,在村民自治的基础上,制定了"红九条"管理制度,构建"支部管全村,村民管党员,村规管村民"的村民自治体系,探索出一条自治、法治、德治"三治合一"的乡村治理新路子,作为国务院第八次大督查发现的典型经验做法,获得通报表扬。

十一 党组织领办合作社坚持共同富裕体现在哪些方面?

共同富裕自古以来就是中华民族的美好愿景,根植于中国传统文化土壤之中。在先秦儒家思想中,就包含着世界大同、人人平等的理念,孔子提出"不患寡而患不均""天下为公,选贤与能"等,是共同富裕最早的思想渊源。这一思想更是为中国共产党和共产党人所继承发扬,党的先行者们较早就开始探究共同富裕思想及其实现路径,认为首先要在无产阶级内部确立生产资料公共所有的制度,在这种制度下对于生产所得成果的分配原则要依据社会主义生产分配方式。最先提出生产资料所有制问题的是李大钊,他认为无产阶级的改革第一步也是关键的一步就是要确立生产资料的公有制,在完成这一任务后,再按生产资料归集体所有的方法把生产资料分配给劳动者个人进行使用,最终"使直接从事生产的人得和他劳工相等的份就是了"。

在新民主主义革命时期,毛泽东就认识到土地政策对于实现共同富裕的重要作用,提出"打土豪、分田地",改善无产阶级生活状况;在抗日战争和解放战争时期,中国共产党为了团结更多斗争力量,在根据地实行了有利于生产发展的土地政策,提高中下层人民的收入,缩小人民内部收入差距。中华人民共和国成立以后,到1956年社会主义三大改造正式完成,标志着社会主义制度在拥有几千年农耕历史的中国正式确立,这为中国人民实现共同富裕奠定了制度基础。邓小平提出"社会主义的

本质就是解放生产力、发展生产力，消灭剥削，消除两极分化，最终达到共同富裕"。明确了共同富裕是社会主义的本质特征，发展生产力是实现共同富裕的根本路径。20世纪80年代实行改革开放政策后，家庭联产承包责任制的推行，极大解放了农业生产力，让禁锢在农村农业中的闲置生产力投入到社会主义建设大潮中，扩大生产力的财富创造能力，推动经济迈入高速发展阶段。改革开放以来，广大劳动人民的生活水平也得到提高，生活方式也更加丰富多彩，人民群众充分共享了改革发展的成果。党的十八大以来，以习近平同志为核心的党中央把实现共同富裕摆在了更加重要的位置上。习近平总书记在主持召开中央财经委员会第十次会议时提到，"共同富裕是全体人民的富裕，是人民群众物质生活和精神生活都富裕，不是少数人的富裕，也不是整齐划一的平均主义"。党中央高度关注农村农民农业发展状况，推行精准扶贫和乡村振兴战略，经过广大基层党员和各种社会力量的不懈努力，2020年中国全面打赢了脱贫攻坚战，完成了消灭贫困人口的历史任务。

党组织领办合作社以股份合作为主要形式，建立村集体和农户稳定、紧密的合作关系，通过就业带动、保底收益、按股分红等多种形式，让农户共享新型集体经济发展红利，走共同富裕道路。主要体现在以下几点：

（1）体现在实现共同富裕的目标导向上。共同富裕是社会主义的本质要求，是社会主义的根本原则，集中体现了社会主义制度的优越性。中国共产党自成立之初就以改善人民生活、提高人民幸福感为己任。党组织领办合作社发展壮大农村新型集体经济，其奋斗目标就是帮助乡村发展、实现乡村振兴、提高群众收入、照顾弱势群体以实现共同富裕。党组织领办合作社能够集中力量和资源进行农业现代化建设，坚持因地制宜，充分考虑产业基础、资源禀赋、群众意愿等因素，科学确定合作社的主营业务、组织形式和发展规模，实现特色发展，这是推动乡村振兴、实

现共同富裕的重要举措。党组织领办合作社既能够集中力量办大事、搞建设,提高乡村整体发展水平,又注重公平,在分配环节关照弱势群体,防止贫富差距拉大。

(2)体现在以人民为中心的发展理念上。在全国脱贫攻坚总结表彰大会上,习近平总书记鲜明指出,"我们始终坚定人民立场,强调消除贫困、改善民生、实现共同富裕是社会主义的本质要求"。党组织领办合作社在发展过程中坚持发展依靠人民,发挥人民群众的关键作用,激发人民的能动性和创造力,坚持发展成果由人民共享。党组织领办合作社坚持发展为了人民,关注人民群众最关切的、利益最相关的问题,帮助农户解决困难,解决农户担忧的问题,提高农户加入合作社的积极性。党组织领办合作社真正做到坚持尊重农户的意愿,坚决保护农户的根本利益,让农户在合作社的壮大中、经济的发展中赢得实实在在的获得感和幸福感。

(3)体现在坚持农村土地集体所有制的经济基础上。当前我国农村土地所有权实行的是"三权分置",土地所有权归村集体所有,农户拥有土地承包权。按以前的做法,农户可以通过转让等方式把土地经营权进行流转以获取一定收入,但是私人资本以利润为目标,在其生产组织各个环节不会从根本上考虑农户的利益,土地经营权在其手中过度集中反而会破坏共同富裕的基础。党组织领办合作社可以使得土地承包权流转到集体手中,由为民服务的集体来使用土地经营权,实行规模化集约化经营模式,集体经济的发展就有了高效的抓手,农户作为集体成员参与形式经营权和收益权,可以更好地保障和提高农户的收入。

(4)体现在坚持党的领导的政治前提上。党组织领办合作社的核心原则是坚持党的领导。中国共产党的领导是中国特色社会主义最本质的特征,也是中国特色社会主义制度最大的优势所在。推行党组织领办合作社,其实就是让党在乡村发展中起领导作用,把握乡村发展方向,深

化农村综合改革,以党建为中心,通过合作社的形式把群众紧紧团结起来,激发农民建设乡村的智慧,更好地利用农村资产创造财富,带领群众早日实现共同富裕。

(5)体现在分配方式和制度保障上。党组织领办合作社坚持公有制和按劳分配为主体。党组织领办合作社,农户既可以获得土地承包经营权流转的收入,又可以获得合作社经营收入分红,还可以通过在合作社工作获得务工收入,从多渠道、多方面扩展农户收入来源。党组织领办合作社通过就业带动、保底收益、按股分红等多种形式,让农户共享新型集体经济发展红利,走共同富裕道路。对于特殊困难群众,还通过出台专门的政策、设置公益性岗位等方式予以照顾,巩固拓展脱贫攻坚成果,防止返贫致贫。

十二 党组织领办合作社如何坚持以人民为中心的发展思想?

江山就是人民,人民就是江山。党的十八大以来,以习近平同志为核心的党中央提出以人民为中心的发展思想,坚持一切为了人民、一切依靠人民,始终把人民放在心中最高位置、把人民对美好生活的向往作为奋斗目标,推动改革发展成果更多更公平惠及全体人民,推动共同富裕取得更为明显的实质性进展。

党组织领办合作社坚持"发展为了人民,发展依靠人民,发展成果人民共享"的理念,在党组织的坚强领导下,将农民充分动员组织起来,通过改变生产关系解放农业生产力,通过发展壮大农村集体经济带动农民增收,在实现农业农村发展的同时,推动乡村振兴,实现共同富裕。

(1)党组织领办合作社通过组织动员群众发展农村集体经济,体现了"江山就是人民,人民就是江山"的思想。党组织领办合作社优势体现在"组织"和"合作"上,价值体现在与农民利益紧密联结上。在高度组织、充分合作、紧密联系的基础上,进一步健全利益联结机制。合作社与社员联系紧密,共同面对市场风云变幻,带领社员规划生产流程、生产模式,甚至生产方向,积极主动与上下游市场主体沟通交流,实现更好地对接,为社员提供质优价廉的生产性服务,帮助社员跟上市场发展步伐,维护基本利益。同时,党组织领办合作社坚持"靠山吃山,靠水吃水"的原则,根据地域特点建立专业化、特色化合作社,提高农民组织化程度,避免甚至摆脱农业生产水平落后的局面,通过合作社引进先进科学技术,改善农业生产方式,带动农民增收。党组织领办合作社真正发挥"组织""合作"的效能,以"组织的力量"和"组织起来的力量",推动实现乡村振兴和共同富裕。

(2)党组织领办合作社紧紧围绕"三农"提供服务,体现了"发展为了人民,发展依靠人民"的思想。党组织领办合作社以服务农民生产生活为宗旨,把以人民为中心贯穿到工作全过程各方面。其一,因地制宜,培育并发展能够带领农民致富的特色产业。充分利用合作社产业主体众多的优势,为民着想、为民谋利,服务带动现代农业发展,整合社会资源,推进农村三产交叉融合,把更多的产业增值收益留在乡村、留给农民,做到为民出发,助力乡村发展。其二,持续深化综合改革,全面提升为农服务综合能力。利用合作社的优势,加强各部门之间的交流,从政策服务优化、资源整合供给等各方面,深化基层服务组织之间的合作。其三,充分利用组织资源,积极拓展服务领域,丰富经营服务内容,推进农业服务向多领域延伸。合作社能够将公益性服务与经营性服务相结合,引导小农户与规模化服务对接,全面破解"谁来经营、谁来种地、谁来服务"的困境,推动农村经济快速发展。

(3)党组织领办合作社有力保障和改善民生,体现了"发展依靠人民,发展成果人民共享"的思想。党组织领办合作社有力发展壮大集体经济,集体收入增加了,就能在保障和改善民生方面进一步加大投入。村集体经济有了盈利以后,农村饮水安全、道路建设、公共活动场所建设

就有了资金保障。村集体经济发展有了持续保障，基层群众的"幼有所育、老有所依、病有所医"也能够得到更高质量的保障。

"绿水青山就是金山银山"，农民是距离生态环境最近的人群，也是最需要生态环境保护的人群。党组织领办合作社通过构建集体与群众的利益共同体，有效激发农民群众保护农村生态环境、建设美好家园、实现美好生活的内生动力。组织起来的农民群众，在党组织领办合作社的带领下，能够发挥集中力量办大事的优势，组织群众携手并肩，共同参与到节约用水、村居建设资源保护与环境整治中来，有效解决单个个体无法完成的污水治理、垃圾清理等问题。此外，通过党组织领办合作社规模化经营的优势，能够更好地推广水土共治、生物防虫等农业新技术，减少面源污染，促进生态振兴。

第五章　　　实　践　篇

一　党组织领办合作社烟台实践启示

2017年4月,山东省烟台市开始在全市推行党支部领办合作社。烟台市委组织部加强党组织对农村经济的领导,把农民动员和组织起来,在全市范围内创办合作社来促进集体经济的发展。2017年首先在11个村进行试点,截至2021年底,全市有近4 000个村庄创办了党支部领办合作社,占全市村庄的近半数。党支部领办合作社不仅带动了农业产业发展、推进了农村基层治理和环境整治,还加强了党在基层的执政力量。通过数年的发展,党支部领办合作社在烟台市已经取得了较大成功,与此同时也给实现乡村振兴带来很多启示。

1.党建引领,坚持党的全面领导

烟台市的乡村振兴工作坚持市委统筹,由党组织统一领导,统一规划。一是将党支部领办合作社作为全市的21项重点工作之一,出台专门的政策,明确任务目标、方向和发展措施,旗帜鲜明地推广创办领办合作社。加大扶持力度,市、县两级财政向合作社支持3 000万元;整合农、商、供销、土地等多个部门,出台33条相关政策来扶持合作社,而且在示范社发展、项目承接、产品销售等方面给予优待和支持。二是发挥党组织作用。合作社坚持由党支部领办,由党支部代表全村成立合作社,村集体以集体资金和集体资源入股,农民群众以资金、土地、劳动力等入股,把农民组织起来干大事、把资源整合起来统筹规划,发展农业的规模

化、集约化经营。把村合作社的发展情况纳入年度工作考核,通过定期调度、现场教学、外出学习等方式,引导更多村庄发展党支部领办合作社。

2.强化政治标准,好人里面选能人

烟台市坚持把握好村党支部书记(以下简称"村支书")这个关键,明确"好人里面选能人"的选人导向,形成"两委"班子候选人的正负面清单,通过县、乡、村三级审查,把有品德、讲政治、有担当、有本事的人才选进村"两委"。为了实现"好人里面选能人",烟台市委组织部利用村党支部换届,形成了村党支部、村民委员会候选人的正负面清单,包括"十五个不得""十五个不宜"。取消了数百个和黑恶势力相关的人的资格,让符合条件的"好人"去公开竞选,然后让村里的党员和群众来选,把自私的、有污点的人踢出去,经过广大群众严格筛选的村支书都得到了认可。同时,把村支书培训纳入干部培训规划,建立青岛农业大学合作社学院烟台分院、烟台市乡村振兴学院等,全面提升村党组织领办合作社的质量。烟台每年会选派100位村支书到浙江大学参加培训,他们把合作社运营的各个环节都理明白了,回来后再带动更多村支书,渐渐地就培养了一批会经营管理合作社的农村干部。

另外,为加强对合作社理事长和管理人员的监管,烟台市委组织部指导制定了合作社的规范管理措施,出台了《从严管理村干部三十条措施》,村级重大项目、合同签订和资金支出等,都要经过村民代表大会的共同决策;而且加强了风险管控,按照规章制度创办合作社,确保村干部能干成事、集体经济能得到发展。通过领办合作社,村干部的精神面貌更好了。许多村支书说,办了合作社之后,有了当家做主的感觉,这是以前从没有过的成就感和荣誉感。例如,烟台市蓬莱区的三里沟村,这里有著名的旅游胜地,有千年的古槐树,有着深厚的文化底蕴,但是,村里人仍旧过得不如意。2014年,在外做生意的大能人郑晓东回来了,村里

开始发生变化。走在干净的村道上,任谁都想不到几年前这里还是污水横流、沙土乱堆。为了凝聚民心,让村民看到新一届村"两委"的诚心,郑晓东从改善村容村貌入手。"这铺路的水泥块,还有这马路牙子,都是我找街道和市里化缘捡回来的。"村里没钱,郑晓东就想办法去捡资源,建筑拆除,他去工地"捡材料",没钱雇人,他就带着村干部和村民干。这样,他带领全村修路,建广场,还建了地下污水管网。村里的办公大楼,估价需要2 000万元,他仅用了300万元和政府扶持的200万元便建好了。百年的废弃大沟被填平,解决了村民"一到雨天就遭水灾"的问题。"党组织把路修得这么好,大家都自觉打扫卫生。"一位村民说。村庄环境的改善,让村民有了希望。许多村支书的出现证明了烟台"好人里头选能人"的方法,帮助大批能人脱颖而出。在党组织的教育培养和积极实践中,烟台锻造出了一批好的带头人,而有了优秀的带头人,一个党组织领办合作社才能启动和发展。

3.走好群众路线,激发群众力量

中国共产党从诞生到执政全国,能够从弱小到强大,从星星之火到燎原全国,依靠的便是群众的力量,是党的正确的群众路线。毛泽东在其文章《愚公移山》中有着清晰的表述:首先要使先锋队觉悟,去争取胜利;还必须要使全国广大人民群众觉悟,和我们一起奋斗,去争取胜利。烟台市大范围推广村党组织领办合作社,其成功就在于贯彻了"从群众中来,到群众中去"的方法。事实证明,发动农民群众加入合作社,使大家一起参与到合作社的经营管理,对于合作社的成败和长远发展具有重要的影响。许多大户主导的合作社不愿吸纳普通的农民群众,唯有党组织充分关注到每一户尤其是困难群众,且利用自身公信力和号召力才能把群众充分发动起来参加党组织领办的合作社。

2017年以来,烟台市针对上下各级不同意见,发动组织部的力量给各级干部和农民群众做好思想工作,讲明党组织领办合作社是通过新路

径来发展集体经济,而不是走回头路。在宣传和动员群众入社时,不强迫、不逼迫,坚持"入社自由,自愿入社"。而且不设数量指标,不搞"一刀切"。通过党员进行示范带动、入户动员和外出观摩等方式帮助群众理解政策。为了鼓励农民群众入社,许多村支书贡献了自己的财产,还有的反反复复跑动只为推动某一户加入。短短四年时间,全市便有将近一半的群众自愿入社。像莱西石河头村有90%的群众都加入了合作社,以前村民为了浇地,互相抢水,甚至打架斗殴,而现在都主动让水,体现了集体主义的精神。就算有一些投资者给出高价想要流转土地,也没有群众愿意。因为群众看到了党组织的切实行动,更加坚定了跟党走的信心。另外,在党组织领办合作社的管理运营、收益分配、制度建设等方面都由合作社成员共同决策,充分尊重每一个成员的意见,追求社会主义协商民主。显然,大户和资本主导的合作社是无法做到这一点的。

4.坚持土地集中所有制,发挥"统"的优势

(1)有利于发挥规模效应,实现产业升级。党组织领办合作社巩固了集体所有制,实现了生产关系的变革。土地的集体所有制,帮助节约土地,有利于改善水利灌溉、交通等条件。而且可以更大范围地配置资源,便于延长农村产业链,进行多种经营,从而在总体上提高群众和村集体的收入。党组织领办合作社之后,在各方的推动下,主动办项目、找资源,为经济发展带来新动力。例如,烟台市在三十多年前引进的第一茬苹果树,现在已经到了更换新品种的时期,但单独一家的资金力量有限,而通过合作社则可以把土地集中起来,一批休耕一批更新。截至2020年底,烟台已经更新了果园50万亩左右。

(2)有利于实现农村内部细化分工,实现多种经营。农村想要获得长远的发展,必须摆脱单一的农业发展,要将二、三产业引进来,实现三产融合发展。目前城市的产能已经过剩,而农村资源的升值空间仍旧很大,我们当前的环境已经变为内循环为主,这也为农村三产融合发展提

供了政策导向。党组织领办合作社使得村集体不用再做简单租赁项目，群众也可以不用单打独斗。村合作社可以整合各类资金，撬动沉睡的资源，然后由党组织进行大范围的优化配置，让农民参与到全产业链的增值收益中。例如，大户陈家村，很早之前便开始了三产融合，在村里不仅有种植、养殖业，还有化工、旅游等多类产业。所以农村摆脱单一农业，发展多产业的融合，提高整体的收入是非常必要的。农村实现了产业升级之后，就可以实现工业反哺农业了。

（3）有利于既利用资本又可以防止资本对农民的侵害。如何正确对待资本，既是我们整个国家要面对的问题，更是农村要面对的问题。资本的力量可以帮助发展生产力，但是也给人际和社会带来了各种矛盾。农业产业本就相对弱势，如果任由资本侵略，便会将分散的小农击垮。从清朝末年到中华人民共和国成立前，官僚资本、帝国主义资本还有国内工商资本对中国农村都是周而复始的剥削。所以在中华人民共和国成立后，我们进行了农村合作化运动。当前烟台的实践就是把农民领导起来创办合作社，改变农民无组织的状态，既可以利用资本，又可以不侵害农民的利益。例如，烟台市北洛汤村，在领办合作社后需要更新换代果树，但是更新果树每亩地需要2万～3万元资金，单独的一家一户对于这样的大额资金是很难拿出的。所以合作社和企业签订了合同，前期成本由企业投入，前三年按照每亩1 000元对农户发放生活补贴，结果收益之后按照集体5%、农民30%、企业65%的比例进行分成，等企业收回成本之后，它的分成要下调到55%。果树进入了丰产期，每亩地纯收入将会在1万元以上，村集体收入可达10万元。所以有了党组织的领导，农民在资本面前才有了谈判的力量和资格。

5. 优化政策环境，加大支持力度

列宁曾在《论合作社》中提到，"在政策上要这样对待合作社，就是不仅使它能一般地、经常地享受一定的优待……贷给合作社的国家资金，

应当比贷给私人企业的多些……在经济、财政、银行方面给合作社以种种优惠,这就是我们社会主义国家对组织居民的新原则应该给予的支持"。合作社原本就是要把农民组织起来,利用合作来抵御市场和资本对农民的挤压,所以,政府应当在经济、财政等政策上支持合作社。以前,农村的集体经济发展很缓慢、农民从事农业获得的收入很少,其中原因之一就是政府的政策多数情况是面向龙头企业和种田大户,而对合作社的支持较少。烟台组织部统筹各级部门,创造了非常良好的政策环境,对合作社入社成员进行思想动员、监察督导,对合作社的发展进行规划布局,选择因地制宜的产业项目,整合各类资金,在章程审核、项目研究、分配制度、财务管理、事务公开等方面建立统一的标准。面对资金、人才等制约发展的突出难题,烟台市先后为58个村发放贷款4 300万元。在发生新冠肺炎疫情之后,还举办了线上推介会为合作社招商引资,签约数十亿元,将资本引入农村农业发展,为乡村振兴注入强大动力。在解决人才缺失难题上,选派100名农业专家组成顾问团,在田间地头开展技术指导,让全市党支部领办合作社挂上了"专家号"。所以,良好的政策环境和政府的大力支持对促进党组织领办合作社的发展具有重要的意义。

6.健全制度保障,强化示范引领

烟台市委组织部制定健全的制度保障,坚持质量发展,循序渐进,每推动一个党支部领办合作社都要确保成功。首先,在每个环节都要建立规章制度,整合各级部门的力量,科学建立议事决策、经营管理、利益分配和事务公开等制度。实行七个统一的运行标准,即项目统一评估、章程统一把关、合同统一保管、印章统一保存、资金统一管理、物资统一调配、收益统一规范。而且在合作社的运营管理和收益分红各方面建立监督机制,由上级单位和全社成员进行监督。其次,对各方面进行严格把关。对于合作社的组建、合作社的运作以及合作社的考核都要按照制度

和标准严格把关和审核。对于合作社的重大项目要进行科学研究,而且要由村民代表大会共同表决实施。村级的集体资产要由上级单位负责监察管理,对于经济合同和大额的支出要严格审核,保证合作社的安全和规范运转。

同时,烟台市坚持做好示范推动工作。先进行试点,然后打造示范的模板,最后进行全范围的推广。2017年选择了11个村庄进行试点探索。在2018年就确定了100个优秀的示范村树立样板,重点扶持,打造了不同的模式、不同的产业的示范模板。2019年便在全市范围内推动了党组织领办合作社的发展。烟台市在实践中告诉我们健全的制度保障是党组织领办合作社能够成功推广和发展的重要条件。

7.坚定不移走共同富裕之路

党组织领办合作社在利益分配、股权分红、成员入社等多方面,都充分体现了共同富裕的目标。党支部领办合作社把土地和产业增值的利益空间留在了手里,掌握了利益分配的主动权,防止了资本把土地收益一次性买断而侵害到农民的利益。加入党支部领办的合作社,农民不但可以拥有合作社股权,还可以享受多次分红以及在合作社务工,实现多途径增收。例如东院头村每亩地的土地流转费用达到了4 000元,这远远高于市场上的价格,就是为了让农民可以获得更多的利益。而且,烟台的合作社还建立了科学的分配机制,保证利益分配的公平。例如栖霞市规定:农民分红要多于40%,集体持股在10%~20%,单个社员的出资不应该过高,这都保证了群众在享受分配时的公平。在公共服务方面,党领办合作社更加体现了共同富裕的目标。农村的群众把土地流转给合作社之后,可以获得稳定的收益,尤其是对于一些缺乏劳动力的老人和困难群众来说,这便有助于乡村振兴的推动和农村老龄化问题的解决,尤其是农村有许多的留守儿童和孤寡老人,合作社的创办对于他们来说有了更多好处和温暖。例如北洛汤村建设了大食堂,村里70岁以上的老

人可以到食堂吃饭,饭钱大部分都由合作社承担,小部分由个人承担,这种行为简单却温暖了人心。

烟台市从2017年至今,几年时间便在全市近一半的村庄创办起党支部领办合作社,且多数合作社都在党组织的领导下取得了巨大成效,强大了集体经济,增加了农村收入,改善了乡村面貌,使老有所依、幼有所长,已经在共同富裕之路上迈出了一大步。

二) 党组织领办合作社毕节实践启示

党的十九大报告所提出的乡村振兴战略将发展壮大农村集体经济放在了十分重要的战略地位。2018年,党中央在《乡村振兴战略规划(2018—2022年)》中提出了要探索发展新型农村集体经济。文件中强调,发挥党组织的领导核心作用是新型农村集体经济发展的关键。探索有效组织载体实现党组织与乡村建设之间的有机联结,这是对新时期"坚持党对农村工作的全面领导,保证农村改革发展沿着正确的方向前进"的重要保障。

贵州省毕节市作为曾经的全国典型贫困地区,贫困面大、贫困人口多、贫困程度深,曾被联合国称为"不宜于人类生存的区域"。20世纪80年代,那里生态环境严重恶化,经济基础十分薄弱,人民生活极为贫困。严重的生态恶化和水土流失,不仅使当地人民群众面临丧失基本生存条件的危险,而且对长江、珠江下游地区生态环境和经济发展造成严重威胁。

近年来,毕节市坚持以发展为导向,以全国农村集体产权制度改革试点为契机,积极探索新型农村集体经济发展模式,引导村党支部领办村集体合作社,把农民手中承包地确权流转到合作社中,把农民群众生产力和各类生产要素联合起来,推动土地集约化、规模化经营,改变了过去村民们各自生产、势单力薄且单打独斗的困境,通过因地制宜推动特

色产业发展,打造集体经济发展的动力引擎,更快更好地让贫困群众过上好日子,让全体村民共享发展成果,为实现乡村振兴向前迈出一大步,成功探索出一条具有当地特色的新型集体经济发展之路。

1. 主要做法

(1)完善制度保障。在充分调研的基础上,毕节市出台合作社建设相关政策文件,为全市上下推进党支部领办村集体合作社建设指明了方向,为新型集体经济发展提供制度保障。毕节市首先做的就是明确了党支部在村集体合作社中的领导机制。坚持以党建引领为总要求,以村党支部书记或副书记为代表,带头负责村集体合作社,负责合作社的具体事务,做好村民的思想工作,为村民答疑解惑,提高村民参加合作社的积极性。

同时,毕节市十分注重党支部领办村集体合作社的规范建设机制。"不以规矩,不能成方圆",毕节市印发《毕节市党支部领办村集体合作社运行管理办法(试行)》,指导全市党支部领办村集体合作社完善管理模式,创新经营模式。制定配套的合作社章程、成员大会制度、理事会制度、监事会制度、财务管理制度、收益分配制度等规章制度。文件印发后,毕节市农业农村局迅速组织学习,认真研究落实措施,指导各地扎实推进党支部领办村集体合作社发展。全市所有行政村和农村社区,以及符合条件的城市社区党支部均领办了集体合作社,共领办村集体合作社7 229个,其中领办农民专业合作社3 615个、领办股份经济合作社3 614个;带动74.4万户300.6万人加入党支部领办的农民专业合作社,其中农村贫困户100%入社,取得了有目共睹的成就。

在利益分配机制和风险防范机制的制定上,毕节市同样做到谋划在前。为了防止出现"三个和尚没水喝"的搭便车问题,毕节市建立"217"利益分配机制,在合作社纯收益中提取20%的资金作为合作社的后期发展金库和风险防控基金,用于合作社的后期生产以及预防不可见的风

险。在纯收益中提取10%的资金作为合作社管理人员的奖励资金,激发合作社管理人员的工作热情,防止管理者懒政不作为。奖励资金按照合作社制定的奖励考核具体办法分配,并在乡镇党委审定后实行。在纯收益中提取70%的资金按集体股、个人股等占股比例向成员进行分配,让合作社的村民们切身感受到新型农村集体经济的优点。

在风险防控机制上,毕节市围绕合作社经营风险、自然灾害风险、集体资产投资风险、村民破产风险、贪污腐败风险等方面,建立健全市、县、乡三级的"三位一体"风险防控机制。市级负责统筹领导、县级负责监督管理、乡级负责落实担责的风险防控机制,乡镇按照统一的管理方式,指导各村党支部领办合作社规范化运营,设置风险防控资金,增强合作社抗风险能力。如果监督管理机制不完善,会导致纪律涣散、工作懈怠、群众观念淡薄、思想滑坡等情况。毕节市为了防止这些情况出现,加强了对村集体"三资"监督与监管,把党支部领办村集体合作社业务事项纳入理事长任期和离任审计,防止侵占、挪用、截留集体资源资产等违法违纪行为。

(2)创新经营模式。农业具有区域性特征,因此必须要因地制宜。只有坚持市场思维,找准比较优势,创新经营模式,才能够走出一条具有本地特色的农业产业发展道路,让本地产业获得持久生命力,让本地村民获得持续收益,让当地社会经济实现长足发展。

毕节市在推动党支部领办合作社中主要运行模式还包括"龙头企业+合作社+农户""公司+合作社+基地+农户""公司+村集体+合作社(协会)+农户""党支部+公司+合作社+农户""国有农业投资公司+合作社+基地+农户"等以及世行贷款扶持项目合作社、联合社等多种模式,其中"龙头企业+合作社+农户"模式数量居多。合作社模式多样,充分激发农村经济活力,并坚持利益链接,推动合作共赢。

毕节市通过推行自主经营、合作经营、承包经营、订单经营等多种经营模式,引导村集体合作社经营模式在探索中创新,在创新中实现发展壮大。在实践中,"龙头企业+村集体合作社+农户"经营模式最为有效。在合作经营中,发挥农业企业既有的市场资源、技术、资金优势,引导村集体合作社精准选择产业,建立好销售网络渠道;村集体合作社发挥既有的资源优势、组织优势,最大限度发动农民群众加入到党支部领办村集体合作社中来,与农业企业建立稳定的购销关系和利益分享机制。

按照政府主导、市场主推、合作社主抓的要求,实现三方互联。毕节市立足各乡各县的特色产业,定下长期目标,整合各类生产要素,推行农业规模化、集约化、产业化经营,培育优势特色品牌,促进主导产业优化升级,让主导产业做箭头,带动全面发展,形成一二三产业融合发展的新路子。截至2021年底,毕节市党支部领办村集体合作社发展种植业239.7万亩,养殖肉牛、生猪、家禽等353.7万头(羽)。修建加工厂房11.3万平方米,建成农旅一体基地2.9万亩,为党支部领办村集体合作社夯实了产业基础,毕节市通过创新经营模式取得了重大成就。

(3)促进利益联结。不同的利益联结模式,各方权责也不同,毕节市努力让村干部、农户在合作社中都占据一席之地,建立利益共同体,不断增强合作社的凝聚力,让大家力往一处用,劲往一处使。

毕节市积极鼓励、发动农民群众通过货币出资,也鼓励村民们用知识产权、专利等非货币无形财产作价出资。另外,村集体还将财政扶贫资金量化入股,提高村集体占股比例。村集体通过农村集体产权制度改革清查出来的村集体资源、资产、资金,由村党支部书记代村集体持股入股到村集体合作社参与发展,实现资源变资产、资金变股金的转变,让村集体"三资"在合作中增活力,在发展中增效益,不断壮大村集体经济积累。截至目前,毕节市共整合各类资金、资产、资源折价共49.8亿元投入党支部领办村集体合作社,实现产业发展总收入18.6亿元。

毕节市通过抓制度保障、抓经营模式、抓利益联结,让党组织领办合

作社取得了快速发展。目前,全市有社会资本入股的村集体合作社1 530个,入股资金共2.9亿元。2020年,全市村集体合作社增加留存资金2.6亿元,为村集体创收1.2亿元,带动社员增收3.3亿元,带动农户就近就地务工增收8.7亿元。

2.几点启示

毕节实践为其他地区提供了具有普遍启示意义的新时代农村集体经济改革的经验与启示,主要体现在以下几个方面。

(1)党的领导是核心。坚持党的领导,坚持农村基层党组织的领导核心地位不动摇,围绕巩固党在农村的执政基础来谋划和实施农村集体产权制度改革,这是推动农村集体产权制度改革的基本原则。毕节市在进行党组织领办合作社的过程中,始终坚持充分发挥党组织的领导作用、引领作用、示范作用。"火车跑得快,全靠车头带"。中国共产党是中国特色社会主义事业的领导核心,新时代农业合作化道路必须突出党的领导这个核心。

只有在党的思想动员下,村民才会真心实意地自愿加入合作社;只有在党的政治领导下,才能确保合作社姓公不姓私,真正为最广大农民的利益服务;只有在党的组织领导下,才能赋予农民和农村强有力的组织、规范的制度,确保合作社发展行稳致远。所以我们必须充分发挥党支部在发展集体经济中的核心引领作用,把牢政治方向,把握经济发展主动权,主导合作社的发展方向,引领乡村振兴发展。农村基层党组织是农村各项工作和各类组织的领导核心,党组织有战斗力,村民就有了主心骨。

(2)群众参与是主体。在统筹推进乡村振兴的过程中,领导班子做到了真正为群众"办实事""谋福利",群众才能"跟着干"。另外,在实施党组织领办合作社的过程中,领导班子成员在吸纳群众加入合作社的过程中起到了示范带头作用。毕节市大部分村集体合作社的理事长与村党支部书记交叉任职,并主动出资入股,做"领头雁",让群众真正看到收益,才能让群众做到主动入社。人民群众是社会历史的创造者,新时代农业合作化道路必须得到群众的广泛参与,中国共产党执政不仅依靠自上而下的强制力,而且依靠正确的政治路线,依靠自下而上地发动群众、动员群众,让群众认识到自己的利益所在,然后自觉地团结到党的周围,为自己的利益而奋斗。

合作社的主体是群众,通过村集体合作社的组织优势,积极发动群众、组织群众,帮助群众细算对比账、长远账,充分尊重群众的意愿,多做群众的思想工作,给群众以看得见的利益。村民从党支部的行动中看到了党组织为民干事的决心,那么就会坚定跟党走的信心。要让群众自愿加入、自觉融入村集体合作社中来,参与合作社的经营管理,在合作社的发展中感受到自己的主人翁地位,让群众关注合作社、加入合作社,为合作社的发展添砖加瓦,出一份力。

(3)规范建社是前提。专业的组织制度是合作社规范运行的保证。合作社规范运行要靠制度保障。毕节市就认识到了规范化是合作社做强做大的前提。因此,毕节市一步一个脚印,规范化打造村集体合作社,筑牢发展基础,健全村集体合作社的组织架构、明晰股权、明确利益分配、建立健全机制,在章程制定、民主管理、财务监督、收益分配等方面下足功夫。村集体合作社在建立初期,严格按照《中国共产党农村工作条例》《中华人民共和国农民专业合作社法》《农民专业合作社登记管理条例》以及当地出台的相关管理规程等法律法规和规范性文件进行设立,并通过召开村民大会完善合作社章程及各类制度,健全村集体合作社的组织架构,防止合作社的日常生产管理工作出现混乱。

(4)先进典型是标杆。毕节市坚持典型引领、示范带动作用,十分重视典型经验的宣传推广。在全市党支部领办村集体合作社建设中形成"学典型、做典型、超典型"的良好氛围,带动各个村子把村集体合作社办

起来、发展起来,形成一体化、集群化的发展模式,进一步丰富村集体合作社的内涵实质,形成党建强、集体壮、百姓富、服务优的综合体。毕节市按照打造一批标准化、规范化村集体合作社示范点要求,创建市级精品点20个,培育县级示范点98个,突出典型引领、示范带动,切实做到串珠成链、串点成线、连方成片,形成了特色鲜明、内涵丰富的示范带、示范区。"龙塘村'五全'模式抓实党支部领办村集体合作社""青山村'四个三'抓实党支部领办村集体合作社""营盘村'三个三'推进党支部领办村集体合作社"等典型经验做法,让大家学有标杆、干有方向。

(5)激励措施是动力。只有建立健全激励措施,才能激发党支部领办村集体合作社的发展活力。毕节市建立健全党支部领办村集体合作社管理人员的奖励资金分配机制,确保付出与回报正相关,激发管理人员的干事热情。制定完善合作社财政资金奖励办法,对村集体经济年经营性收入在30万元以上且增幅在10%以上的村进行评比奖励,让激励转化为合作社发展的内生推动力,促进合作社高质量发展。按照"217"分配机制,纯收益20%留存发展、10%奖励分配、70%按股分红,鼓励群众劳动取薪,将村干部、管理人员报酬同合作社绩效挂钩,通过适当的激励措施推动合作社更好地发展。在干部的提拔任免方面,毕节市对党支部领办村集体合作社成效显著的乡镇党委书记优先提拔重用,村党支部书记优先表彰奖励;工作严重滞后的,严肃追责问责,确保党支部领办村集体合作社工作落地见效。

（三）党组织领办合作社芜湖探索及其展望

近年来,芜湖市试点实施党组织领办合作社,以发展壮大村集体经济,推动共同富裕。芜湖市在充分调研论证的基础上,以股份为纽带将集体和农民群众联结起来,着力发挥党的组织优势、合作社的经济优势、农民群众的能动性,广泛整合各类资源,改变村集体简单发包租赁、群众

单打独斗的低水平增收模式,探索集体经济增收和村民致富的互利共赢新路径,推动集体经济和农民群众"双增收"。截至2022年7月,全市已经组建70个村级合作社、9个镇级联合社和1个县级联合社,吸纳村民入社2.7万人,社员出资总额超过1.8亿元。2022年上半年,推行党组织领办合作社的村集体经济收入总共达3 112.87万元,同比增长了56.25%,入社村民平均增收1 595元。

1.背景动因

芜湖市为什么要推行党组织领办合作社?一是村级集体经济比较薄弱。与先发地区相比,芜湖市农村集体经济不强,且大多增收渠道单一、发展后劲不足。二是基层党组织战斗力不强。一些基层负责人反映,村党组织做群众工作没有有力抓手,联系群众缺乏有效的平台和纽带,有的村党组织说话没人听、干活没人跟,基层矛盾也比较多,乡村治理水平不高。三是农村发展活力不足。农村空心化、农民老龄化、农业边缘化现象比较突出。调研发现,不少村的常住人口不到户籍人口的1/3,平均年龄近60岁,一产增加值占全市生产总值比重不到5%。四是农民增收途径不多。虽然通过脱贫攻坚战,让贫困人口全部实现了脱贫,但是仍有一些低收入户、监测户持续增收基础薄弱,不断缩小收入差距、发展差距的压力还比较大。五是农户发展不够平衡。前期有的农民专业合作社由少数人发起、少数人受益,事实上变成了"精英社""金钱社",富了少数农户,多数农户未受益,这与促进共同富裕的根本要求不相适应。这些问题,在基层具有一定的普遍性,是不可回避、必须整体攻克的难题,促使芜湖市不断思考,谋求破局之道。党组织领办合作社于是应运而生。

2.主要做法

(1)突出组织发动。一是党组织挂帅牵头。由村党组织书记代表村集体注册成立合作社,通过规定程序担任合作社主要负责人,村"两委"

班子成员与合作社理事会、监事会成员双向进入、交叉任职,确保党组织始终处于主导地位,凸显领办属性。二是党员先锋带头。鼓励党员、村(组)负责人和乡贤等带头参加党组织领办合作社,在产业发展、项目实施等工作中做给群众看、带着群众干、帮着群众富。三是群众积极参与。通过召开党员大会、村民(代表)会议等方式,广泛宣传发动群众入社。湾沚区花桥村在组建党组织领办合作社时,村民参与率达到了100%,实现了全员入社。

(2)突出示范带动。在全市668个村中,选取"两委"班子领导能力强、资源禀赋好、群众意愿高的村,以"1+1+1"模式开展试点,每个试点村安排1名工作组长、1名科技特派员和1个商会,提供技术指导和产业扶持,精心打造一批样板村,示范带动其他村打消顾虑、学习借鉴。全市共筛选出70个村开展示范行动,覆盖所有县市区。目标是到2025年,全市合作社体制机制和政策体系基本建立,完成村集体经济"1551"工程目标任务:村集体经济收入在30万元以上的村占比100%;收入在50万元以上的村占比50%,村集体经济收入平均超50万元;收入100万元以上的村达到100个。

(3)突出规范推动。坚持谋定后动、高位推动,启动之初,即在全省率先制定出台了全市推进党组织领办合作社的实施方案、党组织领办合作社运行管理办法,编印了操作实务手册,县级制定有关政策和制度18个,规范合作社运行。在入股方式上,村集体以集体土地、资产、资金和上级扶持资金等方式入股,持股比例不低于50%;群众出资入股或以土地承包经营权、林权、技术、地上附着物等入股,村民持股比例不低于30%,单个成员持股比例不得超过10%;合作社管理人员以个人身份入股的持股比例不得超过5%。在收益分配上,建立"217"分配机制,强化利益联结。从纯收益中提取20%作为合作社发展资金、风险资金,10%作为管理人员奖励资金,剩下的70%按集体、个人占股比例向成员分配,壮大集体

积累,带动群众增收。在管理方式上,明确"七个统一",即章程统一审核、资源统一评估、项目统一论证、收益统一规范、财务统一管理、社务统一公开、文档统一保管。

(4)突出市场驱动。始终坚持市场导向,让合作社在市场竞争中经受风吹雨打。一是精选发展项目。经营项目如果找得不准,"好事办不好"群众就会失去信心。村党组织广泛征求群众意见、倾听党员群众发展诉求,科学合理、因地制宜地确定合作社产业项目。把"双联双应"融入党组织领办合作社工作中,组织"双联系"单位和党员干部为联系村的党组织领办合作社产业项目出谋划策。湾沚区桃园村以打造全市农村党员教育培训基地为契机,大力发展基层党员培训和少儿教育产业,全年可带来集体经营性收入150万元。二是多种模式经营。探索发展出合作经营、对外承包、统购包销、订单农业、生产托管服务、产品精深加工、农村电商等模式。南陵县滨玉村通过村党委领办成立合作社,吸纳村民积极出资入社,大力发展果蔬产业,开拓流通渠道。2022年种植40亩草莓、200亩蔬菜、80亩荸荠,已和2家电商、3家市场个体户和多家商超签订了农产品销售合约,预计可实现农产品销售收入200万元。三是加强风险防控。针对经营过程中可能出现的退股风险、自然风险、集体资产流失风险、破产风险、廉洁风险等"五大风险",逐项明确防控措施,建立防控机制,增强合作社抗风险能力。

(5)突出政策促动。一是加强财政扶持。市、县两级财政安排党组织领办合作社壮大村级集体经济专项扶持资金,采用"揭榜挂帅"的方式遴选出工作积极性高、发展前景好、风险等级低、受益农户广的村党组织领办合作社予以支持。市级财政每年安排3 000万元专项资金用于扶持村级集体经济发展,其中600万元用于支持党组织领办合作社。南陵县财政5年内每年安排600万元,总计3 000万元扶持资金,每年遴选20个左右合作社,分档次给予借款支持,并落实金融机构按照1:1比例给予配

套贷款。二是加大项目支持。在全省率先制定出台《关于支持村党组织领办合作社承接农村公益性项目的实施方案》,原则上项目资金在400万元以下的,由合作社按规定组织实施。目前,全市党组织领办的合作社承接公益性项目171个,涉及项目资金5 804.49万元。三是加强资金互助。与生产、供销、信用"三位一体"综合合作试点工作体系联动,依托合作社发展资金互助,探索村集体资金在本村闭环有偿使用、镇内跨村有效收益,形成"合作社缺钱用、村集体来相助、相邻村可互助"的机制,为合作社提供短期、生产性资金借款服务。南陵县何湾镇何湾村、烟墩镇万兴村党组织领办的合作社已试行资金互助。推动"党组织领办合作社+信用村建设"融合发展,将党组织领办合作社纳入党建引领信用村建设范围,鼓励金融机构提供信用贷款支持,解决发展资金需求。芜湖市繁昌区沈弄村积极争取"信用村"建设支持,最大限度发挥村党组织作用,把金融机构与农民群众、新型农业经营主体联合起来,形成"以信用促信贷、以信贷促发展"的模式,解决合作社贷款授信问题。

(6)突出多级联动。一是组建工作专班。市、县、镇均成立工作专班,加强顶层设计、政策支持和工作推进,推行联系指导、"联建共管"等制度机制,做到村村有人联、时时有人管、事事有落实、个个出成效。建立"一月一推进、一季一调度"工作机制,各级党组织领办合作社定期交流碰撞、拓宽思路、研判政策,做到科学决策,高效推进各项工作。二是建立联动机制。建立横向到边、纵向到底的市、县、镇、村四级联动机制,鼓励因地制宜成立跨区域的联合社,发挥各级党组织在组织群众、整合资源、政策联动等方面的优势,提高党组织领办合作社发展水平。湾沚区红杨镇周桥村流转村民闲置房屋,打造精品民宿、发展文旅产业,但是村级经济实力不够。红杨镇镇级联合社向全镇16个村的合作社募集资金400万元入股该项目,解决了资金短缺的问题。三是探索融合促动。打通与供销社系统的联动。市供销社投资建立全省首家乡村振兴农产

品流通帮促中心,2022年上线以来已实现农产品销售收入400余万元,计划未来一年实现营收5 000万元,3年内过亿,并分别带动10个、20个、30个村集体经营性收入超过200万元,净收益20万元以上,打造"永不落幕的农展会"。

3.初步成效

经过试点探索,党组织领办合作社取得了初步成效,为芜湖市巩固拓展脱贫攻坚成果同乡村振兴有效衔接工作带来了显著变化。

(1)组织起来的产业发展更有前景。党组织领办合作社把小农户组织起来,实现了规模化经营,从而有效衔接大市场,抱团取暖抗击市场风浪,有效避免了"各顾各的家、各种各的田"的弊端,推动了乡村产业的转型升级和高质量发展。南陵县四连村种植莲藕和莲子历史悠久,但是原来的农户散种模式品种不优、品牌不响,多在田间地头销售给收购商,市场竞争力弱,收益得不到保障,产业逐年萎缩。现在,四连村组建了党组织领办合作社,以"合作社+农户"的模式带动村里的莲藕和莲子种植户参与,统一引进优质品种,统一注册"藕遇四连"商标,统一线上、线下销售,同时合作社还办起了加工厂,进行产品深加工,现在莲蓬每斤可卖到15元、莲子每斤可卖到20元,仅此一项,2022年纯利润有望突破120万元。

(2)组织起来的农民增收更有盼头。农民加入党组织领办的合作社,提高了市场竞争力,增加了经营性收入;农民在合作社获得了分红,增加了财产性收入;合作社遍地开花、各类产业蓬勃发展,为农民就近就业提供了更多机会,增加了工资性收入。此外,种子、肥料、人工等省下来的钱,也相当于增加了农民的收入。湾沚区陶辛镇围绕莲产品深加工、莲旅游等发展党组织领办合作社,建设特色小镇,"莲产业"全产业链产值达3.6亿元,仅莲子加工基地就吸纳600多人就业,人均年增收1.5万元左右。基层干部形象地说,莲产业发展了,50岁的卖莲子,60岁的采莲

子,70岁的剥莲子,人人都有活干。无为市关河村沿山种植养殖专业合作社成立以来,已开发地方特色农产品9个系列12个品种,注册商标5个,通过绿色食品认证1个,带动就业100余人,销售订单超600单,股份分红49.1万元。

(3)组织起来的农村治理更加有序有效。合作社的发展带动了乡村产业的发展,为外出务工人员返乡就业、创业创造了机会,让人才回流,缓解了农村空心化、农民老龄化、农业后继乏人等问题,乡村人气更旺了。南陵县万兴村成立万蕊茶叶种植专业合作社,带动本村及周边村民就业超千人,就业收入近500万元。同时,一些在农村的老人、残疾人等劳动能力较弱的群体以及监测户群体,能够在合作社中力所能及地通过自己劳动获得收入,使他们由原来的家庭负担变成挣钱能手,增强了他们生活的信心和尊严。现在,通过党组织领办合作社,村里有钱了,人居环境整治、美丽乡村建设、民心工程、暖民心行动、基础设施和基本公共文化服务改善等也有条件实施了,村民的需求也能更好地满足;村民有事做、有钱赚,气更顺了、心更齐了,老百姓也可以追求更高质量、更有品质的生活了,乡村更加和谐有序了。2022年上半年以来,推行党组织领办合作社的村村民上访量同比下降了6.3%。南陵县童村村柯正银因其违法建筑被拆,对村委会及村干部心存不满,多次上访,矛盾一直无法化解。2022年4月,村里准备成立"童薯一家农业发展专业合作社",村书记汤厚如第一时间找到了柯正银,详细介绍了合作社的规划和发展前景,并真诚邀请其入社,柯正银的内心被拨动了,第二天就揣着3 000元交到了合作社正式入股。此后,柯正银的思想发生了巨大变化,合作社的大小事他都放在心上,从小香薯种植初期的起垄、施肥、打药,到中期的除草,总能在地里看到他忙碌的身影,这个上访"专业户"再也没有上访过了。

(4)组织起来的党员更加有为有力。有了党组织领办合作社这个平

台,基层党组织和群众通过股份紧紧联结在一起,以股连心、连责、连利,党组织开展工作有了抓手,群众也增强了集体归属感。村党组织的凝聚力、战斗力、号召力大幅提升,实现了从"百呼不应"到"一呼百应"的转变,有的村干成了几届村委会想干没干成的事。以前有的村干部因为缺少带动农民致富的好办法,浑身有力却使不上劲,在群众面前说话不硬气、办事没底气。南陵县万兴村党支部书记万海水说:"今年因为疫情影响,不少地方都急缺采茶工人,但我们合作社因为是党组织领办的,人手从来没有短缺过。工人工资可以不用当日结算,等茶叶卖了再发都没人催,这就是党组织领办合作社的号召力。"村党组织领办合作社解决了多年来发展集体经济无路径、组织群众无手段的问题,现在的村干部特别是领办合作社的书记一个个干劲十足,介绍起合作社的项目如数家珍、侃侃而谈,有了"当家人"的感觉,精神面貌焕然一新。湾沚区花桥村书记袁祖发原本是个话不多、埋头干事的人,因为花桥村党组织领办合作社成效显著,袁祖发成了远近闻名的"致富带头人",只要一谈起合作社,就有着"说不完的话",拉着来访者的手就不放开,讲完这个项目讲那个,话匣子打开了就滔滔不绝。很多认识老袁的人都说他像变了一个人。随着党组织领办合作社的推进,越来越多像袁祖发这样的基层干部得到了历练,成长为优秀的带头人,成为群众的主心骨。

4.几点启示

(1)必须坚持党建引领。党建好,才会发展好;党建好,关键是组织强。党组织领办合作社表面上是经济工作,实质上是政治工作,是对组织是否有力、引领是否有效的重要检验。在推行党组织领办合作社过程中,始终把赋能"领头雁"作为首要任务,全市各级先后举办47期党组织领办合作社培训班,培训书记668名,邀请专家学者就如何领、如何办、怎样实际操作进行讲解。南陵县每季度举办一次村党组织书记擂台赛,选拔一批赴长三角先发地区开展"名村实训",提升村书记的能力和水平,

推动"领头雁"高飞以带动发展。

（2）必须坚持发展产业。乡村振兴"产业兴旺、生态宜居、乡风文明、治理有效、生活富裕"的实现不是齐步走，而是有优先顺序。产业兴旺是"牛鼻子"，产业兴旺才能让农民吃上"产业饭"、走上富裕路；产业发展了，改善农村生产生活条件、提高农村公共服务水平才有物质基础；推动产业发展，也检验和锻炼了农村基层党组织的组织力，提高了乡村治理水平。推行党组织领办合作社，从发展壮大村级集体经济入手，带动产业发展，促进农民增收，抓住了乡村振兴的关键点。

（3）必须坚持宣传引导。在推行党组织领办合作社前，进行了系统研究、广泛论证，先后到相关县市学习考察，用事实和成效跟大家讲清楚党组织领办合作社的性质、宗旨，算好经济账、政治账、社会账，说明白党组织领办合作社与"党组织+合作社"、新型农村集体经济的关系，积极回应干部群众的疑虑，让大家从心底认可、认同这项工作。

（4）必须坚持因地制宜。全市各村的发展水平和条件各异，推行党组织领办合作社不要求"千村一貌"。始终坚持质量优先，不定指标，不搞突击，择优选取了一些村进行试点，具体的组建方法、入股方式和经验模式，各有各的探索，各有各的特色和长处，只要是坚持党组织领办以及合作社的性质，只要是能让村集体和老百姓获益，就鼓励基层结合本地实际积极探索，加快推进这项工作，实现"百花齐放"。

（5）必须坚持群众自愿。党组织领办合作社是新鲜事物，群众难免有顾虑，等一等、看一看的想法很正常。在推行过程中，严格按照"入社自愿、退社自由"的原则，充分赋予群众自主选择权，强力推进而不强迫推进，不设置村民100%入社的数量指标，不搞"一刀切""大呼隆"，更多地通过党组织领办合作社的成效吸引群众入社。社员在不损害集体和其他社员利益的前提下，可以按照自己的意愿退出合作社。

（6）必须坚持规范管理。对成立的每一个合作社认真审核把关，开

展规范指导。在全省率先制定了有关管理办法,市扶持壮大集体经济领导小组办公室编印了相关政策汇编、操作实务问与答、信息选登等材料,规范办社行为。南陵县成立党组织领办合作社指导委员会,建立纪检监察部门前置监督程序,全程参与监督指导,在加强内部监督的同时,坚持公开办社,让合作社的各项工作处于群众的监督之下,确保党组织领办合作社干成事、不出事。

(7)必须坚持持续深化。目前,党组织领办合作社还只是初步的探索,成效也还是初步的,要不断积累办社经验,推动党组织领办合作社扩大工作内涵和外延。在纵向上,提高合作层次、扩大合作规模,大力推进组建镇级、县级联合社,乃至市级联合社,在更大范围把组织联合起来,把资源充分地整合起来,统一产品标准,统一对接销售市场、资本市场。在横向上,进行生产、供销全产业链打造,强化金融支撑,推进生产、供销、信用"三位一体"综合合作,尤其是要发展农民金融互助组织,盘活农村金融资源,从根本上解决农村发展资金短缺问题,同时也可以补齐农民财产性收入普遍偏低的短板,拓宽农民增收渠道。